名家写名人

以笔为戈的民族魂 鲁迅

朱自强◎主编

薛　涛◎著

中国和平出版社

China Peace Publishing House

图书在版编目（CIP）数据

以笔为戈的民族魂鲁迅 / 薛涛著. –– 北京：中国
和平出版社，2021.7
（名家写名人 / 朱自强主编）
ISBN 978–7–5137–2064–9

Ⅰ.①以… Ⅱ.①薛… Ⅲ.①鲁迅（1881–1936）–
传记 – 青少年读物 Ⅳ.①K825.6–49

中国版本图书馆CIP数据核字(2021)第089361号

名家写名人 以笔为戈的民族魂鲁迅　　　　朱自强◎主编　薛　涛◎著

策　　划	林　云	
责任编辑	张春杰	
设计制作	弯　弯	
内文插图	一超惊人文化	
责任印务	魏国荣	
出版发行	中国和平出版社（北京市海淀区花园路甲 13 号院 7 号楼 10 层　100088）	
	www.hpbook.com　　hpbook@hpbook.com	
出 版 人	林　云	
经　　销	全国各地书店	
印　　刷	凯德印刷（天津）有限公司	
开　　本	710mm×1000mm　1/16	
印　　张	9	
字　　数	79 千字	
印　　量	1 ~ 5000 册	
版　　次	2021 年 7 月第 1 版　2021 年 7 月第 1 次印刷	
书　　号	ISBN 978–7–5137–2064–9	
定　　价	25.00 元	

作家给孩子们的阅读礼物

朱自强

在儿童的课外读物中，传记文学应该是一种十分重要的门类，具有特殊的重要价值。新的《语文课程标准》已经用较为宽阔的视野，看待提高语文能力的过程，建议小学阶段的语文课外阅读量不少于145万字。那么小学生（包括初中生）的语文课外阅读读什么？当然主要是阅读儿童文字，而传记文学正是儿童文学中特殊的、重要的一种文类。

进入给儿童的传记文学的传主一般需具备这样一些条件。他们在某个领域有相当的成就、贡献；他们的生命历程具有波澜曲折；他们应该具有富于魅力的个性和独到的见解。这样的传主经过具有人生经验和智慧，富于文学才华的作家立传，无疑会给儿童读者以积极的影响。利丽安·史密斯就说："阅读历史和传记能够矫正短视的人生观。当孩子意识到自己生活的时代，只是从人类在这个地球上诞生之始到未知的将来这一漫长旅途上的一小段路程，就会产生了解其他时代、其他国度的生活的愿望。这样的阅读给予孩子内省的观点，帮助孩子学会鉴别只有一时价值的事物，学会全面的思考方法。"可以说，与一般的小说阅读相比，传记文学对儿童的成长具有更大、更深刻、更直接的影响。

孩子们阅读传记，除了求知，更希望汲取伟人的经验，来开辟自己的人生道路，为自己设定高远的奋斗目标，一本优秀传记可以让儿童的阅读生活更加快乐；同时，一本传记改变一个人一生的事例也是屡见不鲜。

传记对于儿童的精神成长具有如此重要的价值，而目前书店书架上众多的传记作品，在文学性和儿童性这两个方面还存在着很多问题。传记是文学，给孩子们阅读的传记，则应该是优秀的儿童文学。艺术性、思想性、趣味性应该成为儿童版传记所不能或缺的要素。

由中国和平出版社出版的"名家写名人"传记文学丛书，是给孩子们的一份珍贵礼物。为了打造一套高质量、高品位的儿童传记文学丛书，同时也为儿童文学的一个重要文类积累优秀成果，我特别邀请了汤素兰、程玮、格日勒其木格·黑鹤、薛卫民、徐鲁、王一梅、李东华、薛涛、李学斌、鲁冰、周晴、张洁、董恒波、余雷、管家琪、爱薇、刘东、林彦、北董、侯颖、郝月梅、顾鹰等儿童文学知名作家为孩子们创作传记，还邀请了庄志霞、赵庆庆、周宛润等作家加盟创作队伍。可以毫不夸张地说，迄今为止，在国内儿童版的传记丛书中，这样强大的优秀儿童文学作家的阵容还从未出现过。这些作家的人生智慧和艺术才华，给这套传记丛书提供了优良的品质保证，也使目前传记文学的创作，实现了艺术质量的提升。

这是作家给孩子们的一份阅读大礼。希望这些书籍成为孩子们成长道路上的良师益友。

以笔为戈的民族魂

薛 涛

在中国，没有哪一位作家像鲁迅那样家喻户晓。

不过，鲁迅青少年时代发生的故事，还有很多不为人知。

童年，有过短暂的幸福和优越。

少年，家庭变故，家境一天天没落。

青年，在动荡的时局中困惑、彷徨，寻求国家和民族的出路，以及个人的出路。

中年，以"匕首"和"投枪"，与反动势力抗争，在流言和诽谤中创造文学的辉煌。

……

本书的主要篇幅，是选取了鲁迅青少年时代的一个个断章，把那些片段客观、生动地描绘出来。

他自小就为将来的成功做着准备。

他在没落的家境成长为一个小男子汉。

他爱憎分明，敢为伙伴讨回"公道"。

他求学南京，他放弃，他选择，他寻求自己想要的成长之路。

留学日本，弃医从文。为了医治民族的精神，他开始了艰难的文学探索。

他做着教育部的部员，工作之余苦苦地寻找人生的出口，终于用小说的形式向世界表达了自己的内心：他深爱自己的国家和民族。

他为青年的进步消耗了自己的生命，他却说："只要能培一朵花，就不妨做做会朽的腐草。"

他还是一位慈爱的父亲，一位仁厚的兄长，一位孝顺的儿子……

本书带你走进鲁迅的世界……当你走出来，你会发现一位伟人丰富的宝藏。你会找到自己成长的方向！

鲁迅，用最硬的骨头，撑起了身上的重压。

鲁迅，用最锐利的笔，剖析我们这个民族的病灶。

鲁迅，又以最善意的情怀，把一生的悲悯献给了头顶的天空和脚下的土地。

本书带你走进鲁迅的世界……当你走出来，你会找到自己成长的方向！

目录

第一章
短智、充实的幸福童年

1

1881年9月25日，一个孩子降生在浙江绍兴东昌坊口新台门。从此，这一天不再平常，它成为一位伟大的文学家的诞辰日。

这个孩子就是鲁迅。鲁迅出生、长大的东昌坊口新台门就在现在的绍兴市鲁迅路，那里被后人修建为鲁迅纪念馆。

这个孩子的爸爸叫周凤仪，字伯宜，是个秀才，几次参加乡试都没能考中。也许是科举不顺的缘故，他为人严肃，性格忧郁，不过对他的孩子们却也很开明善良。他身体不好，长年卧病在家。这个孩子的妈妈叫鲁瑞，绍兴乡下的"名门闺秀"，只读过一年私塾，性格和气、乐观，思想也比较开通。鲁迅是他们生的第一个孩子。

按照当时绍兴的风俗，孩子刚刚降生，要依次给他品尝五种东西：醋、盐、黄连、钩藤和糖。这个风俗是想告诉这个初来人世的孩子，他必须先尝遍人世间的辛酸苦辣，然后才能品味到人生的甘甜。他们依照风俗，给自己的孩子逐一品尝了这五种滋味。

后来的鲁迅果然品味到了这样的人生滋味。他刚刚度过了短暂的幸福童年，少年时代即遭遇家庭的没落，青年时代则历尽艰辛，直至人生的最后阶段，他终于完成了辉煌的人生创造，成为我国最伟大的思想家、文学家、革命家和教育家。

鲁迅继承了父母身上很多优点，很小的时候就显得聪明伶俐，人们便给鲁迅取了个外号：胡羊尾巴。"胡羊尾巴"在绍兴话里是聪明、调皮的意思。良好的资质为他后来的成长奠定了基础。

鲁迅刚出生的时候，爷爷周介孚还在北京做官，家里来信告诉他生孙子了。这个消息来到的时候，恰好有个姓张的客人来访，爷爷就给鲁迅取名周樟寿，字豫山。取字豫山，这回邻居的伙伴们可有笑话说了。鲁迅一出来玩，伙伴就跟在后面喊："雨伞来了！雨伞来了！"鲁迅气得去追，还警告

他们不许再喊他"雨伞"。可是那些伙伴根本不听他的话，还是照喊不误。鲁迅很委屈，怪爷爷给他取了一个不好的名字。没有别的办法了，鲁迅只好硬着头皮去找爷爷商量："爷爷，给我改字吧。我不叫豫山了，听起来像雨伞！"这一次爷爷表现得很好说话，想了想就把"豫山"改为"豫才"了。这回小伙伴们再喊他"雨伞"时，鲁迅一甩头，跟他们说："随便喊吧。我又不叫豫山，我改叫豫才了。"伙伴们喊了几回，也觉得没劲了，慢慢地也就不喊了。

那时候，鲁迅的家境还很好，在绍兴城里算是很阔绰的大户人家，鲁迅过着小少爷的优越生活。爷爷是1871年考中的进士，在江西金溪做了县令。爷爷脾气不太好，终于得罪了上司，就丢弃了不可心的职位，到北京考取了内阁中书的职位。后来，不知为什么，爷爷又把这个职位抛弃，干脆告假回到老家绍兴来了。

这段时间，尽管爷爷的仕途并不顺利，不过周家的日子非常殷实，鲁迅度过了短暂的幸福童年。

2

鲁迅小时候特别喜欢听故事。那些来自绍兴民间的故事和传说，是鲁迅最初的文学启蒙。

爸爸是个秀才，再考举人，屡次都考不中，很是郁闷。爸爸便喜欢借酒浇愁，白酒、黄酒都喜欢饮上几杯。一旦喝了酒，爸爸便忘记了忧愁，兴致也就来了，那是爸爸最开心的时候。爸爸忘记忧愁的时候，就愿意讲讲故事了。

"爸爸，再给我讲个《聊斋志异》里的故事吧，比如狐狸和书生的故事！"鲁迅见爸爸露出笑容，便带着弟弟们凑过来。

爸爸饮了一口酒，嚼着下酒菜，笑眯眯地点了点头。他讲故事的时候还有个好习惯呢，那几个弟弟都知道的。他喜欢一边讲着，一边把下酒的水果给听故事的孩子。那些来听故事的孩子大都是为了下酒的水果才来的。在听故事的孩子里，鲁迅是最认真的一个，那些故事让他着迷。爸爸最喜欢讲的是《聊斋志异》①里的故事，那些故事给鲁迅和他的兄弟们留下了深刻的印象，鲁迅都能拿里面的故事跟兄弟们开玩笑了。那年秋天，小姑母死于难产，在长庆寺搞些佛事。鲁迅回来跟爸爸和弟弟讲，佛有很多手，手里拿着骷髅呢，很吓人。吓得弟弟第二天再也不敢去寺里看大佛了。

---

①《聊斋志异》：清代短篇小说集，是蒲松龄的代表作。"聊斋"是他的书屋名称，"志"是记述的意思，"异"指奇异的故事。这本小说集题材非常广泛，内容极其丰富。多数作品通过谈狐说鬼的手法，对当时社会的腐败、黑暗进行了有力批判，在一定程度上揭露了社会矛盾，表达了人民的愿望。

　　周家还有一个爱讲故事的人，那就是鲁迅的继祖母蒋氏。她是一个很幽默、风趣的乡下人，娘家在绍兴鉴湖边的鲁墟村。蒋老太太有一肚子讲不完的故事，给她的侄孙们讲故事是她最开心的事情，因为她讲的故事让侄孙们也很开心。瞧瞧，夏天的晚上，天气也凉了下来。一吃过晚饭，老太太就摇着扇子坐到桂花树下，一看人来得差不多了，便开始讲当地那些迷人的民间传说。鲁迅最喜欢听她讲的传说了，什么猫是老虎的师父了，水漫金山了……那些故事能让他懂得很多人生的道理。

　　另外一个爱讲故事的就是鲁迅家的保姆长妈妈了。长妈妈对鲁迅的成长产生了很大的影响。长妈妈家住绍兴东浦大门溇，没人知道她的名姓，只因为在她之前的一个用人叫阿长，后来那个阿长离开周家回去了，就来了新的用人，周家人顺口也叫她阿长了。

　　这个善良的长妈妈经常给鲁迅讲太平军的故事，也讲飞蜈蚣与美女蛇的故事。这些故事都让鲁迅很痴迷。长妈妈不但给鲁迅讲故事听，有一回请假回家，回来的时候顺路给鲁迅买下了绘图的《山海经》。她知道，那书里一定有鲁迅喜欢的故事呢。这可是鲁迅早就想得到的书啊。鲁迅最早听说这本书，是在一个本家亲戚那里。那是一个爱种植花草的胖老头儿，很和蔼，家里藏着很多书。他平时只喜欢陪着他的那些花草，不喜欢跟别的人来往，他过着寂寞的日子。他倒是很喜欢和小孩子们来往，尤其愿意跟鲁迅聊天。鲁迅在他那里看到了很多书。他跟鲁迅讲，有一本绘图的《山海经》，画着人面的兽、九头的蛇、三脚的鸟，还有生着翅膀的人、没有头的怪兽。鲁迅瞪大了眼睛问："快点把它找出来给我看看。"老头儿一耸肩，说："遗憾遗憾，不知放在哪里了。"两人找了很长时间，也没有找到。鲁迅想去书店买，可是书店那时放假了，还没有开门。有一回鲁迅就跟阿长说起了这件事情。十多天以后，阿长从家里回来了，手里拿着一包书，里面装着四册绘图《山海经》，这让鲁迅很感动。鲁迅对阿长感情很深，专门写了散文《阿长与山海经》纪念这位善良淳朴的女佣人。在《从百草园到三味书屋》《狗·猫·鼠》等文章里也不时地提到阿长。鲁迅后来出版过一本小说集《故事新编》，这不能不说跟小时候接触过《山海经》有关系。这样说来，阿长对中国文学的贡献也不小呢！

鲁迅从小就喜欢看画谱，也爱画画，他把童年大部分时间花在收集画书、描写画谱上面。当时的东昌坊口有家杂货店，专门卖一种荆川纸，对折装订，适合抄写或绘画。鲁迅经常去那家杂货店，就用过年的压岁钱买卜荆川纸，在上面画画，画好了就藏在床垫下面，有时间了，再拿出来接着画。

有一回，这个秘密被爸爸发现了。爸爸很好奇，把这个大本子拿在手里，翻开一看，画得还不错。正要夸奖儿子一番，再一翻，看见这一页上面画着一个小孩儿倒在地上，胸口刺着一把箭，上面还题着字"射死八斤"。爸爸就明白了，那个倒地的八斤就是房客沈家的儿子。

沈八斤比鲁迅大几岁，喜欢舞枪弄棒。他用一根竹竿做成了一支竹枪，然后举着竹枪问鲁迅："嘿，你看我的竹枪像不像真的？"

鲁迅点点头，说："太像了！小心要伤人的。"

沈八斤一听，很开心，突然大叫着："冲啊！杀啊！"挥起竹枪舞动起来。

"来啊，你也找一根竹竿，跟我比武！"沈八斤自己舞了一会儿，觉得不够刺激，便向鲁迅挑战了。

鲁迅正好要去描画谱呢，没有心思跟他比武，就闪开了。沈八斤觉得很没意思，就舞着竹枪找别的孩子比武。很快，院子那边传来别的孩子的哭声，哭声里夹杂着沈八斤的大笑。沈八斤的竹枪把别的孩子打哭了。

鲁迅扔下画笔，很生气，想去找沈八斤算账。可是一想家里不许他跟别的孩子打架的，就忍下了这口气。这口气出不来，任凭沈八斤欺负人，鲁迅什么事情也做不好。怎么办呢？鲁迅就想出这个办法：用画画来发泄不满。他在纸上先画了一个小孩，那个小孩就是沈八斤，鲁迅让他被箭射倒在地上。爸爸不喜欢自己的儿子用这样的方式发泄不满。不过，爸爸没有严厉责罚鲁迅，只是告诉鲁迅，别的画都很好，唯独这个"射死八斤"不太好，最好撕去。鲁迅知道错了，自己撕去了这幅画。

鲁迅疾恶如仇的性格，从这件事情上便能看出来了。

有一年正月，鲁迅又用压岁钱偷偷买了一册《海仙画谱》。鲁迅怕家人发现，就把这本画谱藏在楼梯底下，平时拿出来描画。很倒霉，这本书又被爸爸发现了。按照当时的观念，这些花花绿绿的书不是正经书，是不许小孩子看的，要看也要看"四书""五经"。可是爸爸居然也很有兴趣的样子，翻看了一下还给了鲁迅。爸爸希望鲁迅的阅读面宽阔些。这些宽容的举动无疑鼓励了鲁迅大胆地去买书、读书，也无意之中培养了鲁迅读书的兴趣。成年以后，鲁迅对版画的兴趣一直未减，还以实际的艺术活动，推动了中国版画艺术的发展，被誉为"中国版画之父"。

鲁迅在比较宽容、自由的环境里充实着自己的童年。

鲁迅的童年，奠定了他后来的成功。

第二章

惨淡家境中的"少掌柜"

1

1893年,鲁迅家里发生了很大的变故。这个变故深深地影响了鲁迅的未来。它意味着,鲁迅的幸福童年结束了,人生的历练开始了。不过,鲁迅并没有在这个变故中沉沦,他以一个十几岁少年的肩膀,帮助家人支撑着破败的家境,尽了一个长子的责任。

这一年鲁迅十三岁。情况是这样的,那年乡试,受几个亲戚朋友之托,爷爷周介孚去找主考打通关节,由此陷入了这个乡试舞弊案,被官府追查。爷爷不想躲避,赶紧去衙门投案自首了,这样,爷爷就进了监狱,

在杭州的监狱里一关就是七年。这场变故，彻底改变了周家的境况。那时候官场黑暗，爷爷入狱的七年，每年都要拿出钱财打点官府，应对官府的勒索。这时候，爸爸周伯宜又得着肺病，久治不愈。为了贴补家里的各项支出，家里陆续卖掉了一些水田。后来，还要靠典当家里的衣服和首饰维持着不小的支出。

鲁迅的家境一天天衰落下去。

鲁迅也一天天长大。鲁迅在家是长子，是个有责任感的孩子，早早就承担了家里的担子。

那时候，伙伴们一来喊鲁迅玩，鲁迅总是摆着手："不行不行，我有事呢！"

大家便很扫兴："唉！小少爷又不能跟咱们玩了。"

是啊！当年调皮可爱的"胡羊尾巴"变得喜欢思考，越来越像个小大人了。

2

鲁迅平时主要是帮着家里买东西。本来，当时家里也有帮手的，那个长工叫潘阿和，六十多岁，是个很老实的人。大概是老实过头了，在买东西这件事情上总是做得不太好。他出去买回来的东西价格又贵，质量又差。没办法，只有家里出一个人去办。其他孩子都小，这件事就要由最大的长子鲁迅来办了。这下可把鲁迅忙坏了。那时候鲁迅已经上学，只要家里需要，他就要急匆匆奔走在杂货铺和学堂之间。有时候，他还要跑到六七里远的地方买家用的东西。辛苦忙碌不说，还要防着那些店老板的坏心眼。就算这样，鲁迅还是时常受到那些坏心眼的店铺老板欺骗。

鲁迅最喜欢的差事是上街给爸爸买水果。买来的鸭梨、苹果味道好极了，不时散发出诱人的香味。鲁迅轻轻闻了一下，就赶紧把脸扭过去不看它们。要是再不把头扭过去，鲁迅就忍不住要尝尝啦！

水果店的老板早就跟周家小少爷混熟了。这个小少爷精明不说，还任劳任怨，像个有出息的男子汉。他很喜欢这个小少爷。

鲁迅提着水果刚要走开，老板就热情地喊道："小冷市，慢走啊！"

"谢谢啊！"鲁迅礼貌性地答应着，心里却犯起了糊涂。

鲁迅不明白"小冷市"是什么意思，不会是笑话我的话吧。回到家，水果筐还没放下，鲁迅就问爸爸："水果店的老板管我叫小冷市，是什么意思嘛？是不是给我取的外号啊？"

爸爸拍着儿子弱小的肩膀告诉他："'小冷市'就是少掌

柜的意思，人家这样叫你是很看重你了。”

鲁迅一听，满意地笑了。

店老板说得多好啊！鲁迅为家里承担着很多家务，确实很像一个少掌柜的样子了。

还有一件很重要的事情也是要鲁迅来做的，那就是跑当铺。当时，鲁迅的家境一天天坏下去，爸爸又卧病在家。为了给爸爸支付医药费用，妈妈不得不把家里的值钱东西拿出来典当。这样的事情自然还得由鲁迅来做。

那时候的当铺，店面修得很特别，就像要故意为难顾客似的。临街一个小门，从一个小门进去，一抬头，就见一排高高的柜台。即使是普通身材的大人也就刚好看得见柜台，身材矮些的只好仰着头把东西送上去了。这么高的柜台，何况鲁迅那样一个小孩子呢。鲁迅就常常跑进这样的当铺，把家里的值钱东西举上高高的柜台，去换来一点点现钱。

鲁迅一进来，店伙计抬眼一看，只见东西，不见人影，就知道是老周的小少爷又来典当物品了。

“拿来让我瞧瞧吧。这回是衣服还是首饰啊？你家的东西成色总是不太好。”这里的伙计说话总是阴阳怪气的，鲁迅恨不能捂住耳朵。他实在听够了这样的口气。

既然是来典当的，都是家里日子过得不好的。当铺的伙

计自然很瞧不起，也就非常傲慢无礼，免不了欺侮来当物品的顾客。那几年，鲁迅一次次地跑到那样的当铺去，把要典当的东西费力地举上高高的柜台，还要跟傲慢的伙计讨价还价。好不容易成交了，就赶紧拿了现钱不敢耽搁一点时间，飞快地去药铺给爸爸买药。

尽管家里尽力给爸爸治病，可是爸爸的病却不见好转。城里的医生自然找遍了，附近乡下的自称"妙手回春"的高明医生也是没少来看。鲁迅在跟那些"神医"的周旋过程中，渐渐对他们失望了。

爸爸也越来越怀疑自己的病。爸爸常常说："我的病怕是没有希望了。"

鲁迅还是鼓励爸爸："让我再去找别的医生试试……"

鲁迅明白，别的医生会开出什么灵药呢？看那些医生开的药方，也像在故意刁难人似的。不说药方，单是那些怪异的"药引"就把鲁迅难坏了。什么"原配蟋蟀一对"了，"经霜三年的甘蔗"啦，真是让人难以买到。为了买到那些古怪的药引子，鲁迅不得不出入于很多家药店。

"嘿，周家少爷，咱们玩一会儿嘛。墙根儿下面有不少蛐蛐儿，等我们去抓哩！"

"我要去给爸爸买药呢！"鲁迅离开新台门家里，一头朝最远的那家药店跑去了。

伙伴望着小少爷奔忙的背影，独自蹲在墙根下捅起了蛐蛐儿……

几年以后的1896年，爸爸的病还是没能治愈，去世了。

那时候，鲁迅就懵懵懂懂地确立了做医生的理想。他后来写文章说，他爸爸的病是被庸医误诊了，所以他立志要做个出色的医生，医治像爸爸那样被病痛折磨的中国人。

作为长子的鲁迅，在逆境中挺直了脊梁，自小就承担了家庭的责任。

后来，他又以自己不屈不挠的意志，为国家和民族的进步做出了重大的贡献，成为我国新文化运动的旗手，被誉为"民族魂"。

敢于担当责任，是一个男子汉必备的品格。

第三章
苦涩童年，快乐阅读

1893年的那场变故让鲁迅过早地品尝到了人生的苦涩，同时也为他提供了亲近文学的机会。爷爷惹上官司之后，大人怕小孩子受到不必要的打击，就把他们寄养到乡下的亲戚家。鲁迅被安排躲在外婆家。

鲁迅的外婆家在绍兴乡下，这让鲁迅有机会接触到水乡的贫苦生活。鲁迅小时候虽然也时常陪着妈妈鲁瑞去乡下的外婆家小住，但都是短暂的省亲，这一次却是常住，一住就是大半年。在乡下的见闻和经历，对他一生的思想和创作都产生了重要的影响。

外婆家的老房子在安桥头，离绍兴城十七公里，那里靠近海涂，很偏僻。村内外河流纵横，是典型的平原水乡。后来，外婆家又搬到黄甫庄、小皋埠一带。那里也是绍兴著名的水乡，风景秀丽，民风淳朴，生活远比城里丰富。鲁迅跟着大人看社戏，赶集市，了解了江南水乡的风土人情。此外，鲁迅也结识了很多农家孩子。这些，后来都出现在鲁迅的小说和散文作品中。

鲁迅的外公叫鲁希曾，是光绪年间的举人，在户部做过一阵子主事，不久就因为身体不好告假回家了。鲁迅来外婆家小住的年月，外公已经去世多年，他实际上是住在舅舅家。大舅鲁怡堂有男孩女孩各一个，都很大了。房子有两间，大舅住在西边的房间。平时这位大舅不爱起床，整天猫在屋子里吸鸦片。鲁迅呢，住在后房里，有时候跟舅舅家邻居的孩子玩一会，再就没有事情做了。有一天，鲁迅得到一本破旧的古代小说《荡寇志》，如获至宝，就翻阅起来。那些故事，很吸引鲁迅，书里的人物绣像更让鲁迅产生了浓厚的兴趣。鲁迅看着看着就找来笔和纸，专心描那些人物的画像。鲁迅从第一个人物张叔夜画起。大舅只顾吸烟，也不知这个城里来的小外甥在后房忙着什么。许多天过去了，鲁迅画完了几十幅。这些画像散乱着，成什么样子啊，鲁迅就细致地把它们装订成一大册。

年底，大舅家搬到了小皋埠，鲁迅随着大舅家来到了这

个陌生的小村子，一直住到第二年夏天。

在小皋埠，鲁迅又认识了一个有点学问的邻居，他是大舅的内弟，叫秦少渔。秦少渔的爸爸是一个能诗善画的人，还出版过四卷《娱园诗存》呢。那时候，老诗人已经不在世了，少渔跟爸爸学了些绘画技法，喜欢画墨梅。水平嘛，比他爸爸要差些，不过看起来也很不错。他爱好很广泛，也喜欢买小说看，看过以后就扔在一间旧房子里。

鲁迅时常去找这个远亲舅舅学画梅花。

有一次，鲁迅发现了旧房子里的秘密，就问这个舅舅："那间屋子里的书可不可以拿来看看？"

他很好说话："那些旧书？拿去看吧。别给我撕坏就行了。"

鲁迅乐坏了，答应一声，就一头钻进那间小黑屋子。一找，收获还不小，找到了平时没听说过的小说。这些小说读起来，很新鲜，在绍兴家里是不可能找到的。

在绍兴乡下的避难，鲁迅得到了乡下亲戚的帮助，也受到了一些人的歧视和白眼。可是，不管怎样，鲁迅没有虚度那段日子，他只顾做着自己喜欢的事情。

鲁迅回家的时候，已经读完了不少小说，还画了一大本画册。离开小皋埠那天，大舅在船上等着小外甥，小外甥迟迟不出来。大舅还想呢，这孩子，住这么久了，怎么不想家呢。派人喊了两次，等了好一会儿，鲁迅才跑出来，手里抱着一大本"书"。这下大家才知道，这个小家伙在这里已经画完了一本画册。除了这本画册，鲁迅在三味书屋读书时还画了一本《西游记》绣像。这两本画册是鲁迅的宝贝，轻易不给人看的。后来，鲁迅急着用钱，把这两本画册卖给了同学章翔耀。现在，这些画册都留着，珍藏在绍兴鲁迅纪念馆呢。

从小皋埠回到家里，鲁迅迷上了买书。他买的第一部书是石印的《毛诗品物图考》，花去他银洋两角。鲁迅特别看重书的质量，买回来以后仔细检查，发现哪里污损，或是装订歪斜，就立即去换掉。换来换去，人家书店也不愿意给换了，他就折价卖给了同学，自己再添钱重新买来合意的。鲁迅陆续买到了《百将图》《百美新咏》。有一回，鲁迅发现书店里有一本《海仙画谱》，很喜欢，一看定价是一百五十文，这个价格不算贵。鲁迅刚刚要一个人买下它，恰好两个弟弟在场，很愿意出钱合买，鲁迅就跟两个弟弟各出五十文，三个人合买下了这本书。过了几天，鲁迅觉得三个人合用一本书实在不方便，主动把自己的所有权放弃了，还劝大些的弟弟也让出所有权，把这本书单独给了小弟弟。他俩合股的一百文就算扔掉了。然后，鲁迅另外买了一本留作自己使用。

　　这样一来，鲁迅为自己积攒了一批有趣的书，他甚至对他的《野菜谱》也特别喜爱。这大概导致了后来鲁迅对博物学一直有兴趣吧。

　　小时候断断续续的水乡生活，为鲁迅后来写作《故乡》等江南水乡题材的小说打下了厚实的生活基础。在小皋埠那里读到的古代小说和画谱，对鲁迅日后写作《古小说钩沉》《中国小说史略》和从事其他艺术活动都起到了重要的作用。

　　小时候生活在没落的大家庭，成长环境并不优越。相反，还要时时受到家事的干扰，过早地承担了生活的重压。

　　可是，鲁迅没有虚度自己的童年，他喜欢读书、画画，喜欢听故事。

　　在乡下外婆家的生活，更是开阔了鲁迅的生活视野。

　　童年时代，不但磨炼了鲁迅的意志，让鲁迅获得了最初的文学启蒙，也让鲁迅初步体验到了底层生活的艰辛和苦难。

第四章
不读死书的小书迷

1

鲁迅从小就是一个书迷。

他对书迷到什么程度呢？这么说吧，他甚至要把喜欢的书一页一页抄写下来。

在曾祖母卧室的空楼里，南边的窗子下面有一张八仙桌。那里没人愿意来，很安静，听不见大宅院里的吵闹。鲁迅就喜欢坐在那里抄写他喜欢的书。最开始，他是抄写《康熙字典》里的古文奇字，抄下来后装订成一册。他还在《唐诗叩弹集》里摘抄描写百花的诗，还把各种花分别列出，分门别类进行了整理。后来，他又借到了一部《唐代丛书》，他抄录了其中整部的陆羽的三卷《茶经》^①、陆龟蒙的《耒耜经》和《五木经》，还有两大册《说郛录要》，他还专门抄录了竹谱和笋谱等五六种……

瞧瞧，鲁迅抄写的书够多的吧。

鲁迅喜欢抄书，那么定是一个小书呆子了。错了，鲁迅可不是一个读死书的书呆子。

鲁迅七岁那年进私塾读书，是在远房叔祖周玉田的书塾。周玉田是他的启蒙老师，他给鲁迅选定的第一本读物是历史教材《鉴略》，这本书从开天辟地一直讲到大清王朝。鲁迅不喜欢这本教材，对周老先生别的书却很感兴趣。周玉田喜欢种植花木，家里珍藏了一本专门讲授园艺花木的书，书名叫《花镜》。这本书可是周老先生的宝贝，时常拿出来翻看。有一天被鲁迅看见了，好说歹说才答应借给鲁迅。鲁迅拿回家又是读又是抄。瞧瞧，爱抄书的"老毛病"又犯了不是？

有一天，鲁迅抄书实在是累了，就拿着书跑到院子里透气。那时候正是初春季节，江南的水乡透着湿气，城里城外桃红柳绿，草长莺飞，风景很好。鲁迅就想：现在正是种植

---

①《茶经》：是中国乃至世界现存最早、最完整、最全面介绍茶的第一部专著，由中国茶道的奠基人、唐代人陆羽所著。此书是一部关于茶叶生产的历史、源流、现状、生产技术以及饮茶技艺、茶道原理的综合性论著。

的季节，为什么不按照《花镜》里的知识种植点花木试试呢，也顺便检验检验那古书里说的道理对不对？

想到就做。鲁迅放下书，跑到后面的百草园里，还喊来小弟弟帮忙，照着书里的讲解，一会儿挖土，一会儿浇水。几天下来，竟然种了好几种花木。这还不算，他还在每一株花木旁边插了竹签，标注上花名，随时观察它们的生长情况。

《花镜》里说，从山上移植映山红，要保留山上的土，移植才能成功。鲁迅决定做个实验，验证一下书上的说法。他搞来两棵映山红，一棵按照书里讲的，带着山里的土移植在院子里；另外一株，只用本地的土移植在院子里。经过一段时间的培植，他有了一个新发现。他发现，另外那株用本地土壤移植的映山红也活了下来，并且长势很好。他很兴奋，就赶紧在书上批注说，这种花"性喜燥，不宜多浇，即不以本土栽亦活。"

鲁迅经过这次实验，发现书里讲的也未必全是对的。有些事情要亲身实践，才能知道真相。

就是抄书，鲁迅也是有选择的，不是拿来一本书，便不动脑子完全地抄录，比如《唐代丛书》，鲁迅就觉得这书里的东西不完全可靠，不过有一些是很有意思的。鲁迅后来给人写信还提到这部书，说道："所收东西大半是乱改和删节的，拿来玩玩固无不可，如信以为真，则上当不浅也。"所以，鲁迅只选了其中他认为最有意思的《茶经》《五木经》《耒耜经》抄录下来。

2

十二岁的时候，鲁迅转到另外一个叔祖周子京的书塾读书。周子京是个酸腐的读书人，只会教给鲁迅一些教条的知识，甚至闹出很多笑话。鲁迅看出这位老前辈没有什么学问，就把这位前辈闹出的笑话讲给爸爸听。这样爸爸就同意鲁迅离开了这所私塾。

鲁迅离开周子京的私塾后，就转到了全城最为严厉的三味书屋读书。

鲁迅刚刚来这里上学，较真的"毛病"就犯了。

鲁迅听说，东方朔认识一种名字叫"怪哉"的虫子，它是一种冤气变的，用酒一浇就能化解掉了。鲁迅很想知道这是怎么回事。平时，他也不能问阿长，阿长没有那样渊博的学问嘛。现在，他拿来问书塾的寿镜吾老先生了。

"先生，怪哉这虫，是怎么一回事？"要下课的时候，鲁迅终于忍不住了，就问了出来。

寿老先生算是领教了鲁迅爱刨根问底的特点。

三味书屋的读书生活也是很枯燥乏味的。鲁迅的求知欲很强，希望得到更丰富的知识，就到课本以外去寻找他感兴趣的东西。鲁迅的书桌，最早在书屋的南墙下面，这个位置阳光照不到，太黑了，那些藏在抽屉里的"闲书"，怎么也看不清楚。他观察了一段时间，喜欢上了西北靠窗子的位置。那个位置阳光充足，不但能看见抽屉里的小说，还能看见院子里的蜡梅。

有一天，鲁迅打定了主意，就对先生说："先生，我想调个座位。"

先生便问为什么。鲁迅从容地回答："门缝的风太大了，正好吹着我。我要生病了。"鲁迅夸张地说。

先生不知道这个小孩子在跟他玩心眼儿，便问："那你想调到哪个位置？"

鲁迅知道先生上了当，便赶紧说出他预谋很久的想法，"我要坐在西北临窗的位置，那里风吹不到我"。

老先生满足了他的要求。这样，鲁迅就可以偷偷读抽屉里的小说了。

3

旧社会的书，有很多糟粕，如果死读下去，是很有害的。

鲁迅读书懂得进行对比，在对比中进行鉴别，看哪些是有益的，哪些是误导自己的。

十四五岁的时候，鲁迅读到一本《蜀碧》。书里很夸张地渲染了明末农民起义领袖张献忠在四川如何残暴地杀人，替明末昏庸无能的统治者说好话。鲁迅读后，对这位农民起义领袖有点反感了。不过，鲁迅不甘心心目中的农民领袖形象受到影响，就在家里找别的书来看，结果找到一本《立斋闲录》。这是一本专门记载明代朝野逸闻的笔记。鲁迅在书里读到永乐皇帝如何用更加残忍的手段压迫百姓的内容，正是皇帝的残暴才激起了农民激烈的反抗。

鲁迅一比较这两本书，就纠正了认识上的偏颇：张献忠反皇帝没有错，昏庸无能的皇帝应该反对。

鲁迅得出了结论，认为，比较，这是医治受骗的好方法。

许多年以后，鲁迅在他的第一篇白话小说《狂人日记》中，通过主人公的口，表明了自己敢于怀疑的探索精神："从来如此，便对吗？"

其实，这种敢于怀疑的精神，在鲁迅早期读书的过程中就有了很好的培养。

大量的阅读，如果没有选择，没有思考，也不一定有益。

书，能把人读活，越读越聪明；也可能把人读死，越读越愚钝。

　　鲁迅是个爱读书的孩子，更是一个会读书的孩子。他的那种敢于怀疑、敢于探索的精神，让他在书中获得了最大的收益。

第五章
正义少年

1

旧时代的私塾大多很严厉，教育方法守旧。私塾先生体罚学生，被认为是很正常的教育手段。先生教训学生，主要靠一把戒尺。戒尺是那个年代的私塾里必备的教具。

三味书屋自然也有一把戒尺，也是拿在先生手里。先生拿着它，随时教训那些不守规矩的学生。三味书屋的教书先生寿镜吾是绍兴城里有名的教书先生，为人方正、认真。鲁迅在这里读书长达六年多，受到了严格、正规的早期教育，为后来的发展打下了良好的基础。

猜想一下，鲁迅当年一定也是挨过先生的戒尺的。不过，这位寿先生用戒尺教训学生，可不像别的先生，他只是象征性地打上几下，好像不过是在提醒那个犯纪律的学生，你犯错误了，应该挨戒尺的，以后要注意，不能再犯了。就是这样一位善良仁厚的先生，他教出的学生居然大多很守规矩，他们在私塾里从来没有打过架，最过分的淘气事也无非是骑了人家的山羊，就算闹得最厉害的一次了。

寿先生在鲁迅心目中，不是那种非常专制的先生。遇见这样开明的先生，对于鲁迅和他的同学们来说，真是幸运的。

可是，别的私塾的孩子们可就没那么幸运了。

远的不说，就说说离三味书屋近的广思堂，这家私塾在新台门和老台门之间。在这里读书的孩子就很悲惨了。经常挨打不说，被罚跪的事情也是常有发生。这家私塾的先生又矮又胖，偏偏又生了个秃顶。人们也不客气，就叫他"矮癞胡"，算是把他的外表特征全部总结了进去。这个"矮癞胡"爱打人不算，还经常推出一些非常过分的制度，专门违背孩子们的天性，比如，某月某日他就宣布了一条最新规定：凡是要出去小便的，都要先去他那里领取"撒尿签"，如果不领取这个所谓的"撒尿签"，擅自出去小便，那就要挨一顿戒尺，或者罚跪。宣布完毕，他得意地看着他的学生们，孩子们都傻眼了：以后撒尿也不自由啦！

有一天，鲁迅和几个同学离开三味书屋，放学回家。他们刚刚过了小石桥，突然被一个小男孩撞了一下。一看，是在广思堂上学的六斤。他也是刚刚放学，垂头丧气地往回走着，也不看路。

"哎，你怎么了？又挨戒尺了吧？"鲁迅拉了他一下。

鲁迅一搭话，六斤一下子就哭了，一边哭一边讲着他下午受的委屈。

原来，今天是"矮癞胡"推出"撒尿签"制度的第二天。这位先生好不容易念完了书，他小便早就憋得难受了，也没想起领签，捂着肚子就跑出去了。等他兴冲冲地回到学堂，只见"矮癞胡"手拿戒尺，早等在门口了。

"哼，干什么去了？"

"撒尿……"六斤感到情况不妙，想起了"撒尿签"的事情，可是晚了。

"你的'撒尿签'领了吗？"

"忘了……"六斤愁眉苦脸地看着"矮癞胡"，不知说什么才好。

说什么也没用的，自然是一顿打，把两个手掌都打肿了。六斤说着，就伸出了那双发胖的手给大家看。

大家听了，气不打一处来。鲁迅气得连连跺脚。

"打人不算，这个'矮癞胡'还没收我们带的点心！我们挨了打，点心也让他给吃了……"六斤说着咽了咽口水。

鲁迅已经气得满脸通红了。

"不能就这样便宜他了！"锡箔店老板的儿子章翔耀气愤地说。

"他实在是太过分了！我们得教训教训他！"鲁迅对大家说。

于是，几个同学就商量好了，明天中午放学，直接去找"矮癞胡"算账，警告他以后对学生客气点，多跟三味书屋的寿先生学着点。

第二天中午，好不容易熬到放学，鲁迅喊上章翔耀他们，一气跑过小石桥，直接奔"矮癞胡"的广思堂来了。走着走着，一个同学动摇了，怕这事闹到寿先生那里去，想回去。鲁迅态度很坚决，对那同学说："谁害怕了就回去！你们都回去了，我也不回去！我一定要去教训教训他！"

鲁迅这样坚决，那个动摇的同学也坚定下来了。大家说着话就到了广思堂的门口。鲁迅喊道："一二，冲！"几个人就冲进学堂。一看，这边放学很早，学堂里师生都不在了，眼前是一座"空城"。大家扑了空，很不甘心，一看八仙桌上立着一个大笔筒，里面果然插着一把"撒尿签"。大家就把火气发泄到这把"撒尿签"上了。鲁迅几步跑过去，把那些"撒尿签"抽出来，三下两下都给折断了。为了警告"矮癞胡"，他们还把砚台扔在地上，留下破坏的痕迹，好让"矮癞胡"心里明白：他这里是被别人袭击过的。

下午，几个人坐在各自的位置上，心里打着鼓，就等着寿先生一脸严肃，操着戒尺，喊他们的名字。可是，整个下午先生都在教大家诵书。他自己也沉浸在一段古文里面，再后来干脆闭目养神。鲁迅他们几个这才放松下来。后来，寿先生突然睁开眼睛，大叫："屋里有一只鸟！屋里有一只鸟！"同学们都愣了，四外张望着，可是哪里有鸟啊？便都扭过头傻傻地看着先生，以为他受了什么刺激。

鲁迅小心翼翼地站起来，试探着问："先生，鸟在哪里？我们怎么没看见哩？"

寿先生便摘掉宽大的眼镜，朝对面的墙上看了看，再看看眼镜片。鲁迅也过来帮助他检查一番。这才明白，是一只死笨死笨的蚊子趴在了先生厚厚的眼镜片外面，被眼镜片一放大，成了一只大"鸟"。

大家哄堂大笑。这只蚊子也明白闯祸了，一抖翅膀，飞走了。

这个下午平安无事，就算过去了。第二天上午，也平安无事，连蚊子都没来惹事。袭击广思堂的事终于没有被告到三味书屋来。"矮癞胡"大概也感觉到自己的做法有些过分，才没去三味书屋找寿先生告状。

过了几天，确实没人追问这件事，鲁迅他们几个才放下心来。

私下，广思堂的孩子们自然悄悄感谢了鲁迅他们。六斤兴奋地告诉他们："撒尿签"全被折断了，广思堂的"撒尿签"制度也就取消了。

2

在少年鲁迅看来，生活中的不平事总是很多，管也管不过来。可是，一旦遇见了，也还是要出手的。鲁迅也喜欢跟那些有正义感的同学交朋友，有了这样的好朋友，正义就显得很有力量。

鲁迅和另外几个人爱打抱不平，在新台门和老台门的孩子中间渐渐有了名气。这不，刚刚警告了"矮癞胡"，又有个孩子哭咧咧地来告状了。

那天傍晚，鲁迅正在百草园里莳弄花木呢，长妈妈急急跑来喊他，说门口有个小男孩，哭着要见他。

鲁迅还以为是闰土从乡下来了呢。鲁迅丢了花锄，跑到前院来。出门一看，又是邻居家的六斤。鲁迅问他："你太爱哭了。你又哭什么，谁欺负你了？"

果然是挨了欺负，并且还是大人欺负小孩子的事情。

新台门附近绸缎弄里有家姓贺的。这贺家别的人没有什么可说的，偏偏贺家有个武秀才，自以为有两下子，经常欺负别人。刚才六斤经过贺家的时候，让武秀才打了一巴掌。具体什么原因呢，鲁迅也不愿意再问了。这个武秀才欺负人的事情太多了，不用问原因了。

鲁迅跟六斤说："你先回家吧。"然后就往西跑到锡箔店找章翔耀，还找来胡昌薰、莫守先等人。他们是鲁迅的死党。

大家商量怎么办：这次，对手不一般，是个武秀才。章翔耀主张教训一下这个罪大恶极的武秀才。鲁迅也同意这么干，在他看来，这家伙也算得上作恶多端了。两人都这样说，其他几个伙伴也都咬牙切齿，一致同意教训这个欺人太甚的武秀才。

不过这个武秀才可不像"矮癞胡"那么好对付。几个人神神秘秘藏进一条僻静的弄堂，谋划了很长时间，争论来争论去，总算达成了一致，然后分别回家准备武器。

鲁迅回到家里，想着应该准备个什么武器呢？想了半天，突然想起爷爷的腰刀。那把腰刀是爷爷当年在金溪做知县时用过的，它平时就挂在爷爷的房间里。想罢，鲁迅就猫着腰来到爷爷的房门口。一问弟弟，弟弟说爷爷好像在睡觉。这是个好机会！鲁迅打发走了弟弟，偷偷摸进爷爷的房间。还好，爷爷果然在打盹。鲁迅心怦怦跳着，像小猫一样跨过高高的门槛，再轻手轻脚靠近客厅。没错，那把腰刀就在眼前挂着哩。无奈腰刀挂得太高了，无法一下拿在手里。鲁迅又搬来凳子，站在凳子上这才算摘下了腰刀。

那天实在是很走运，爷爷一直睡得很香，让鲁迅顺利得到了那把腰刀。出发以前，鲁迅把腰刀藏在衣服底下出了家门。

有了腰刀撑腰，再走在街上，鲁迅可硬气多了，自信十足。

"哼哼，什么武秀才文秀才的。你脑壳再硬还比我的腰刀硬吗？"鲁迅心里想着，挺直了胸膛。

很快，大家就在贺家附近聚齐了。这次行动非同寻常，可不能像上次教训"矮癞胡"那样，叫喊着乱冲乱打。大家做了周密的布置，各自有各自的任务，分散守候在贺家大门口。鲁迅甚至都预备好了对付武秀才的几个招式，还不时把腰刀亮出来一会儿，试探着关键时刻怎样把刀拔出来。

万事俱备，只欠东风。等啊等啊，就是不见武秀才出来。其实，这个武秀才平时一副趾高气扬的样子，是很愿意在门口溜达的。今天怎么这么老实呢？

大家碰了碰头，一致愿意等下去。梁山好汉打家劫舍也不是马上就能得手的嘛。

又等了很长时间，武秀才还是没有出来。这样的结果让大家很沮丧，刚开始的满腔热血现在也凉得差不多了。有位"好汉"太困，差点睡着了。

大家重新聚在附近一条胡同里商量对策。一分析，武秀才可能已经得到了消息，听说几条好汉要来会会他。他害怕了，躲在门里不出来了。既然这样，他就算屈服了。既然屈服了，这次算胜利了。那么，可以结束"围城"了。

这样一分析，大家又都自豪起来。鲁迅把腰刀从大褂底下抽出来，在大家面前舞了两下。大家一阵鼓掌，便散了。

鲁迅回去便找到六斤，告诉他，武秀才被他们打得不敢出门了。六斤咧着嘴笑了。

鲁迅自小就疾恶如仇，敢于对抗不平事。

尽管他们做的事情未必很合适。不过，这些做法显示出鲁迅爱憎分明的品格。

鲁迅就是以少年时代形成的这种品格，向腐朽的旧思想和旧制度投出了"匕首"和"投枪"，成为我国新文化运动的主将。

第六章
童年伙伴章运水

　　鲁迅写过不少反映底层人民疾苦的小说，表现出他对底层劳动者的深切关注。其实，鲁迅小时候就喜欢跟乡下的孩子交朋友。他对他们的感情很真挚，也得到了他们的友谊。

　　章运水就是一个。

　　将来你一定会读到《故乡》这篇小说，它是鲁迅的小说名篇，在中国现代小说上占有很重要的位置，初中的语文课本里选用了这篇小说。这篇小说的主人公叫闰土，小说中的少年闰土给几代读者留下了深刻的印象。

　　鲁迅在小说中饱含深情地写道："这时候，我的脑里忽然闪出一幅神异的图画来：深蓝的天空中挂着一轮金黄的圆月，下面是海边的沙地，都种着一望无际的碧绿的西瓜，其间有一个十一二岁的少年，项戴银圈，手捏一柄钢叉，向一匹猹尽力地刺去，那猹却将身一扭，反从他的胯下逃走了。这少年便是闰土。我认识他时，也不过十多岁，离现在将有三十年了……"

这里面写的闰土，在鲁迅的生活里是实有其人的，小说中的很多细节也跟生活中真实情形差不多。闰土的原型就是鲁迅少年时代的好朋友章运水。

讲到运水，还得从他爸爸章福庆讲起。

章福庆家住绍兴乡下的杜浦村，村子在海边，到处是一片片的沙地，当地靠种植瓜豆棉花为生。章福庆农忙在家种地，鲁迅家过年过节或者家里有大事，就会喊他来家里做个短工帮帮忙。鲁迅和别的孩子们都喊他"庆叔"。这个庆叔真是个能人，他除了会种地，还是一个手巧的竹器匠。其实鲁迅最佩服的是他很会捕鸟。1892年冬天，绍兴遭遇了难遇的寒冬天气，还下了很多雪。大雪一多，地面上的食物就给大雪覆盖了，饿得鸟雀们无处找吃的，就乖乖钻进庆叔给它们设计的米筛里来了。

庆叔很吸引鲁迅。听说他还有个儿子，会是什么样呢？鲁迅常常想着那个叫运水的乡下男孩儿，十分想结识他。他一想起来就跟庆叔说："下次再来，把运水领来吧。一定啊！"

庆叔总是说尽量尽量，可就是没有把运水带进绍兴城里来。

有一年新年，周家赶上大的祭祖活动，家里的人手又不够用了。特别是那些装祭品的锡器、香炉和花瓶，都很值钱，需要专门有个人看守才行。这时候，庆叔想到，这是让运水跟鲁迅结识的好机会嘛，就对鲁迅的爸爸说，可以把儿子运水喊来帮忙看守祭器。鲁迅的爸爸同意了。

庆叔就找到鲁迅，跟他说："我把运水喊来帮忙啦！过几天就来。他是乡下孩子，不懂事。少爷可要谦让着点啊！"

鲁迅乐坏了，就说："太好啦！我也不懂事，也要他多担待呢！"

几天后，运水乘着乌篷船进城来了。鲁迅飞快地跑去见他。站在鲁迅面前的是一个大他两三岁的少年，初次见面就给鲁迅留下了深刻的印象，鲁迅也把这个印象写进了小说《故乡》。

"他正在厨房里，紫色的圆脸，头戴一顶小毡帽，颈上套一个明晃晃的银项圈，这可见他的父亲十分爱他，怕他死去，所以在神佛面前许下心愿，用圈子将他套住了。他见人很怕羞，只是不怕我，没有旁人的时候，便和我说话，于是不到

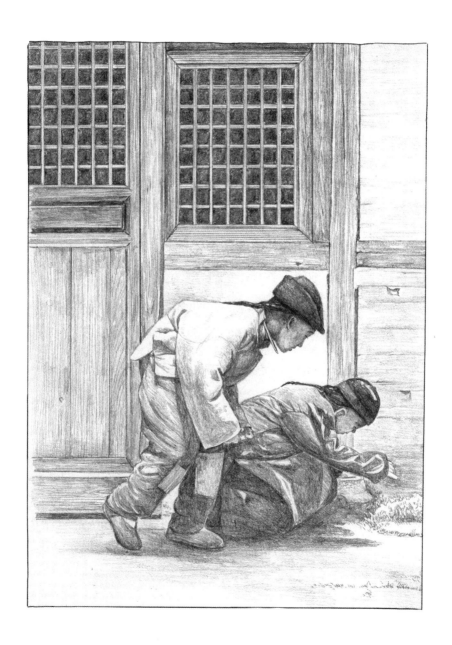

半日，我们便熟识了。我们那时候不知道谈些什么，只记得闰土很高兴，说是上城之后，见了许多没有见过的东西。"

第二天，鲁迅就要跟运水学习捕鸟。庆叔是个捕鸟的高手，运水肯定也不会差的。鲁迅很期待这个乡下来的捕鸟高手能捕来几只鸟。

运水看了看外面，很直率地告诉鲁迅："现在还不能，等大雪下了才可以。捕鸟容易着呢！我们沙地上，下了雪，我就扫出一块空地来，用短棒支起一个大竹匾，撒下秕谷，看鸟雀来吃时，我远远地将缚在棒上的绳子一拉，那鸟雀就罩在竹匾下了。看看吧，什么都有：稻鸡，角鸡，鹁鸪，蓝背……"

鲁迅只好盼望着下雪。

运水和鲁迅坐在祭器旁边，很兴奋地聊着各自的见闻。运水也喜欢上了这个聪明、善良的周家少爷。

"唉！现在太冷，夏天的时候你到我们这里来吧。白天我带你去海边捡贝壳去，红的绿的都有，鬼见怕也有，观音手也有。晚上我和爹看西瓜，你也要跟去。我教你抓獾……"运水讲着只有他们乡下孩子才知道的事情，他讲得兴致勃勃。这让鲁迅对乡下海边的生活充满了无限向往。在他的想象中，乡下海边的生活非常神奇。

运水从乡下海边来，他讲的事情都是鲁迅从来没有听说过的。他朴素的性格也让鲁迅面目一新。这样，鲁迅就不愿意找章翔耀他们玩了。有一天章翔耀实在太闷了，就想看看周家少爷在忙什么呢，怎么抓不到他人影了呢？

章翔耀在门口大声喊鲁迅出来玩。阿长就出来告诉他："别喊了，大少爷看祭器呢。"

章翔耀糊涂了，这周家怎么了，大少爷怎么干起佣人的活来了。

"休想骗我！大少爷是不是病了，才不出来找我了？"

阿长如实说："海边杜浦村来个叫运水的，来看祭器。大少爷跟他好着呢，天天陪着他一起看祭器呢。两人整天说说笑笑的，没见大少爷这么开心过。"

章翔耀嘟囔着："一个乡巴佬，有什么好玩的嘛……"一甩辫子，走了。

那些日子，鲁迅跟运水形影不离。运水看着祭器，不能离开。鲁迅就只好"委屈"自己也来陪着运水看守祭器了。

正月一过，家里的祭祀结束了。运水要回乡下了，这是两个孩子无法改变的安排。分别那天，两个人都哭了。运水上船的时候还跟鲁迅说："说好了，去我家，我带你去我家的西瓜地……"

鲁迅点着头，眼泪止不住地流下来。

运水的乌篷船走远了。

直到七年以后，两人才有过一次可以查证的见面。这些在鲁迅的二弟周作人的日记里有记载。1900年正月初六，两个人再见面的时候，都已经长大成人了。那时候，运水已经成家。两人自然是回忆小时候见面的情景。鲁迅那天很高兴，下午还带着运水登了应天塔。两人说好了，一定要爬到塔顶，然后就开始攀登。那时候是冬天，江南的寒风也很凛冽。结果，爬到第四层的时候，寒风透过窗子迎面扑过来，运水的衣服太单薄了，禁不住打了寒噤。鲁迅担心运水感染风寒，就说："不爬到塔顶了，到这里就下去吧。"

就这样，两个人放弃了。爬塔半途而废，两人不免怅然，孩童时代的盛气竟然所剩无几了。

第二天，运水想找一个叫陶二峰的人测字算命。测字，是一种预测人的命运的迷信活动。那时候的人们都很相信这个。既然运水想去，鲁迅很愿意陪着去。他们便来到陶二峰那里测字。测字人说话却很不客气，没说好听的话。运水垂头丧气地走了出来，还叹了口气。那时候，运水的生活很不顺利，正经历着一些坎坷。他的痛苦没有跟鲁迅详细说出来，只是自己一个人承受着。

1919年冬末，鲁迅要搬家到北京去，又回到故乡绍兴，又一次见到了童年时代的伙伴章运水。那时候的运水，经历了多年的天灾、人祸、剥削、欺凌……鲁迅在他身上再也看不到当年那个脖子套着项圈的英气少年了。他面前站着的是一个衰老、阴沉、麻木、卑微的人了。这一切，让鲁迅无限感伤。

这种感伤，鲁迅在《故乡》里写得很真切："老屋离我愈远了；故乡的山水也都渐渐远离了我，但我却并不感到怎样的留恋。我只觉得我四面有看不见的高墙，将我隔成孤身，使我非常气闷；那西瓜地上的银项圈小英雄的影像，我本来十分清楚，现在却忽地模糊了，又使我非常的悲哀。"

新中国成立以后，绍兴修建了鲁迅纪念馆，运水的孙子被安排在鲁迅纪念馆工作。那时候，运水已经不在人世，鲁迅也已经辞世多年。这一定是很让鲁迅和运水在天之灵感到欣慰的事情了。

鲁迅对乡下伙伴的友谊很真挚，这种真挚的感情让他的作品动人至深。他跟乡下少年运水的交往，让他自小就跟广大的下层劳动者建立了感情。所以，他反映下层劳动者生活的作品才有生命力。

伟大的作家总是对生养他的土地和乡亲充满深情。

鲁迅也是如此。

第七章
求学南京

1

尽管家境不好，鲁迅的求学之路却没有中断。为了能受到良好的教育，家人和鲁迅本人克服了很多困难。

1898年，鲁迅离开学习了六年之久的三味书屋，到南京求学。

这年的五月，鲁迅带着简单的行囊和八元钱，跟母亲和其他家人告别，经过杭州，辗转到了南京。他要投考的是江南水师学堂。

为什么要投考这所学校呢？

原因有两个，一个是，这个学校不收学费，学堂除了负担学生的住宿、吃饭，还给学生提供衣服和鞋子。其他的书籍和学习用具也是不用自己张罗。这还不算，每月还发给一些零用钱。鲁迅的家境正在破落之中，这样的学校正是鲁迅想要读的。鲁迅求学，不想给家里增加太多的经济负担。

还有一个原因，就是鲁迅的一个长辈在这所学校任教，名叫周庆蕃（号椒生），小名叫庆，鲁迅这一辈都喊他庆爷爷。庆爷爷一见到鲁迅，先一番打量，见鲁迅的精神不错，对这个侄孙还算满意。不过，周庆蕃本来是一个很守旧、很顽固的人，对这种西方式的学校教育并不打心眼里认可，还过着每天早上跪诵《金刚经》《太上感应篇》的生活呢。那些都是旧式老学究们喜欢读的书。所以，本家的侄孙来这所军事学校"当兵""读书"，不算太光彩的事情。就为这个，周椒生不愿意鲁迅用家谱上的名字周樟寿。

"我给你改个名字吧。"庆爷爷看了看鲁迅说。

"为什么要改名字？"鲁迅不解地问。

"别问为什么了，我给你改就是。"庆爷爷摆开了长辈的派头。鲁迅只好答应着。

想来想去，庆爷爷想起"百年树人"这个典故，就给鲁迅取名周树人。

"喜欢不？爷爷希望你将来能出息，为咱们老周家光宗耀祖。"庆爷爷问。

"喜欢！喜欢！"鲁迅喜欢上了自己的新名字。

庆爷爷也满意地笑了。

后来，鲁迅就一直沿用了周树人这个名字。

2

江南水师学堂是清政府依照西方国家的模式设立的一所学校，办学的目的是为腐朽的清政府培养海军人才。它跟中国旧式的学校有一定的区别，比如，每周主要使用英文授课，学制九年，课程主要是学习海军的一些本领，有轮船驾驶、鱼雷等课程。

学校表面上借鉴了西方的先进制度，其实学的都是皮毛，本质上还是因循守旧的，日常管理还是封建专制的那一套。最让鲁迅不理解的是，有一天学校游泳池淹死了一个学生，校方认为很不吉利，赶紧找人填平了这个晦气的游泳池，还在上面修建了一座关帝庙。这还不放心，校方还请来老和尚念经，超度亡灵。这些做法都让鲁迅很失望。再看看学校的大堂，总是让鲁迅想起绍兴的衙门。只见大堂上陈列着一排"令箭"，如果哪个学生触犯了"军令"，"令箭"一扔，还有被杀头的危险呢。

那"令箭"果然不是好惹的。有位姓吴的同学很愿意赶时髦，上学时穿了一双皮鞋，走路时皮鞋发出咔咔的响声。于是"令箭"来了：扣发生活补贴。

鲁迅就想，这些"令箭"不会哪一天砸在我的头上吧？

鲁迅担心的事情很快就发生在了他身上。事情的起因跟一个白字先生有关。学校尽管设立了学习西方先进技术的课程，可是汉文课选的内容还是很守旧，还有《咬得菜根则百事可做》一类的文章。那天，有个讲汉文的老师还闹出了低级错误，把"钊"读成了"钧"。水师学堂居然还有这样的白字先生，鲁迅忍不住笑出了声。那位白字先生就把这件事情报告上去。很快，"令箭"就来了：鲁迅被记过一次。

鲁迅不满意这所学校的"乌烟瘴气"。因为不满，鲁迅便屡屡触犯"军令"。很快，"令箭"又几次落在鲁迅身上。

鲁迅忍受不了水师学堂专制、腐朽的校风，决定退学。

这年十月，鲁迅投考了江南陆师学堂附设的矿路学堂，并顺利入学。

矿路学堂是一所培养开矿人才的学校，学校开设了地质学、金石学等课程，鲁迅第一次接触到了现代自然科学，这是在三味书屋学不到的东西。另外，江南陆师学堂的总办（相当于校长）俞明震是一个具有现代思想的人物，他主持的学堂设有报刊处，向学生陈列着能够传播新思想的书刊，学堂给学生留的作文竟然有"华盛顿"这一类的题目。鲁迅进入陆师学堂后，更多地接触到了比较先进的民族主义思想。这些思想，在当年是非常先进的。

鲁迅找到了自己喜欢的学校，有了学习的兴趣，学习成绩当然非常优异。鲁迅所在的班里有二十四名学生，鲁迅是年龄最小的，成绩却是最好的。这位从绍兴来的小家伙很让大家佩服。有一次考试，他为班里获得了唯一的一枚金质奖章。同学们都很羡慕，都建议鲁迅把这枚奖章锁在箱子里，放假时带回家去，跟家族的人们显摆显摆。能获得这样的奖章，也是光宗耀祖的事情啊。

鲁迅把奖章拿在手里掂了掂分量，神秘地跟大家说："我已经给它安排好了去处……"

说完，鲁迅走出宿舍，不见了。同学们都在猜这枚奖章的"去处"。

"这么急着就往家里寄啊？"

"可能去跟别的人张扬去了。"

同学们七嘴八舌地议论鲁迅的奖章。

很晚的时候，鲁迅才回到宿舍，一到门口就喊道："大家快来帮帮忙！"

同学们推开门一看，鲁迅拿着一袋子书，还有一袋子点心，兴奋地站在大家面前。

"嘿，出门捡着银子了吧。哪来的钱？"一个同学问。

"我把奖章卖了。"鲁迅笑着，"书我全部留下，点心是我请大家的，还不快抢？"

同学们哄的一声奔向他们的点心。鲁迅满意地笑着，打开了他刚刚买到的《天演论》①，痴迷地读了起来……

鲁迅在矿路学堂过着十分简朴的生活，冬天的时候常常穿着单衣。为了御寒，他就多吃辣椒。鲁迅把省下的钱补贴给家里，还尽量挤出一些购买自己需要的书籍。

1902年1月，鲁迅以第三名的好成绩在矿路学堂毕业。这时候的鲁迅，不再是三味书屋里读古书、抄古书的小书虫，他已经是一位初步拥有了现代思想的新青年。

同年3月，因为毕业成绩优异，鲁迅被官派日本留学。世界再一次向鲁迅打开了大门。

---

①《天演论》：英国生物学家赫胥黎著。清朝光绪年间，严复最早将其翻译成中文。这是一本宣传达尔文生物进化论的通俗小册子。

第八章
留学仙台，弃医从文

1

在南京三年多的学习，鲁迅抱定了这样一个观点：要想拯救衰败的国家，就要学习发达国家先进的科学技术。

1902年3月，鲁迅再一次跟母亲和家人道别，走上新的求学之路。与四年前那次相比，这一次鲁迅走得更远，目标更明确了：他要远渡日本，到这个比中国发达的邻国去学习，学成以后为国效力。

3月24日，鲁迅从南京出发，乘远洋客轮"大贞号"转道上海，东渡日本。在上海的老椿记客栈，鲁迅度过了一个不眠之夜。

自从到南京求学，鲁迅就很少回家，这一次竟然走得更远了，他踌躇满志，同时也惦记着母亲和别的家人。大海对面的那个邻国让鲁迅的感情很复杂。谁能知道前面有什么在等着自己呢？是坦途，还是险滩？鲁迅坐起来，天就要亮了。这条路，无论如何要走下去，要走得铿锵有力。鲁迅做好了一切准备。

海上的航行是漫长的。鲁迅没有浪费时间，不时拿出《科学丛书》和《日本新政考》来翻阅。通过阅读这些书，他在思考祖国衰落的原因，也在思考这个岛国为什么超过了自己的祖国。

到达日本后，鲁迅先进入东京弘文学院学习日语。这所学院是专门为中国留学生投靠专门学校设立的，主要学习日语和一些中学程度的科目。对于鲁迅这样学过西式学堂的人来说，只要学学日语就行了。可是鲁迅还是要陪着大家一起学满两年。只有拿到这里的毕业证书，才可以去考日本别的专门的高等学校。

那个年代，在日本东京，有很多中国留学生。他们大半是抱着升官发财的梦想来到日本的。在中国留学生会馆，鲁迅很难遇见志趣相投的朋友，他也很不喜欢那些梳着辫子、晚上学跳舞的同胞。住在会馆的时候，鲁迅更喜欢读书，再就是跟几个志同道合的同学讨论人生理想和国家的前途与命运。鲁迅主张"科学救国"，只有彻底改变国家落后的科学水平，这个国家才有希望。

鲁迅不是一个空想家，他很快就开始了实践。

有一段时间，同学们发现鲁迅睡觉的时间更晚了。不久就明白了，鲁迅在翻译《月界旅行》和《地底旅行》呢。那是一些科幻小说，里面含有很先进的科学思想。鲁迅希望愚昧的国人能通过阅读这些科幻小说了解先进的科学知识。

鲁迅还注意把国际上的最新科学成果介绍给国内，让国内及时了解发达国家的科学新进步。

有一天，一直沉默的鲁迅突然很兴奋地跟大家说："你们知不知道，我们人类又发现了一种新元素，这种新元素叫镭！"

没人响应。那些留学生们对这个没有多少兴趣，也不知道这种"镭"元素跟升官发财有多大关系。既然跟升官发财没有多大关系，那么，"镭"的发现又有什么意义呢。

"应该让国人知道这件事情！"鲁迅不管别人，说完就开始写文章了。

"难道国人知道这件事情，我们国家就一定能富强起来嘛？"那个爱跳舞的留学生阴阳怪气地说。

"至少，我们应该一点一点做起来。做一点，就有一点意义。"鲁迅看都没看他，开始认真整理跟镭有关的资料。

接下来，鲁迅又开始撰写《中国地质略论》《中国矿物志》这类普及科学知识的著作，鲁迅愿意一点一点地做些事情。

有一天，中国留学生会馆又出大事了。一阵喧闹声里，鲁迅手里拿着一根辫子走出来。

"这是我的辫子！我把它给剪了……"鲁迅平静地宣布。

大家一阵唏嘘。

辫子是怎么回事呢？按照清朝的规定，清朝的男子都要留辫子的，不留辫子，或者随意剪掉辫子，在大清法律里，就是大逆不道，要受到制裁的。可是，经过几百年的时间，留在男子头上的辫子已经成了中国愚昧落后的象征。

鲁迅就很不喜欢头顶的辫子。他怀着极度的反感描写中国留学生头顶的辫子："上野的樱花烂漫的时节，望去确也像绯红的轻云，但花下也缺不了成群结队的'清国留学生'的速成班，头顶上盘着大辫子，顶得学生制帽的顶上高高耸起，形成一座富士山。也有解散辫子，盘得平的，除下帽来，油光可鉴，宛如小姑娘的发髻一般，还要将脖子扭几扭。实在标致极了。"

所以，这就难怪鲁迅要剪掉这根象征愚昧落后的辫子。

"今天的日子我要留个纪念，去拍一张断发的照片！"鲁迅不理会那些惊奇、愤怒的人群，径直朝照相馆走去。

那些守旧的同学大张着嘴巴，蒙住了。

很快，鲁迅的断发照洗印出来了。鲁迅特意在照片后面题写了一首小诗，表明了自己献身国家和民族的远大抱负和决心。

灵台无计逃神矢，风雨如磐暗故园。

寄意寒星荃不察，我以我血荐轩辕。

这件事情，在中国留学生会馆内外引起很大轰动，激发了一部分留日学生的爱国情怀。有鲁迅带头，很快，又有几个志同道合的同学也坚决地剪掉了辫子，然后也像鲁迅那样，去拍照留念了。

2

1904年4月，鲁迅从弘文学院毕业。本来，他可以报考最有前途的东京帝国大学，将来图个锦绣前程。那时候的留学生多半会选择这样的学校，为自己的将来做铺垫。不过，鲁迅没有随波逐流。他只想学一门有用的专业，为国家做些实际工作。

不过，他决定不再学开矿这个专业，转而学医，救治像他父亲那样被江湖医生误诊的国人。一旦遇有战争，也可以当个军医为国效力。就这样，鲁迅去日本东北的仙台报考仙台医学专门学校去了。

这所学校欢迎建校以来的第一位外国留学生，在学费、食宿方面都给予鲁迅一定的关照。

最主要的是，鲁迅在仙台医专遇见了他的恩师藤野严九郎先生。先生治学的严谨和对鲁迅的善意关切，给鲁迅留下了难以忘怀的印象。回国以后，鲁迅一直把藤野先生的照片挂在住所里，"每当夜间疲倦，正想偷懒时，仰面在灯光中瞥见他黑瘦的面貌，似乎正要说出抑扬顿挫的话来，便使我忽又良心发现，而且增加了勇气，于是点上一根烟，再继续写些为'正人君子'之流所深恶痛疾的文字。"

仙台这个地方，在鲁迅的历程中是非常重要的。鲁迅去仙台学的是医学，圆的是自己的科学救国之梦。同样也是在这里，鲁迅弃医从文，走上了文学之路。这跟一个偶然的事件有关。

鲁迅在仙台学医的时候，正是日本和俄国发生战争的时候。这两个国家发生的战争主要战场却在中国。当时，日本国内经常播放幻灯片做战时的宣传，仙台医专也在播放医学片的间歇，播放一些日俄战争的片子。作为医专的学生，鲁迅也来看这样的片子。有一次，播放的是日本捉住了一个俄国的探子，被日军砍头。而这个探子却是一个中国人，围观的也是中国人。鲁迅在片子里看到了围观的同胞麻木的表情。鲁迅的心顿时缩紧了。这时候，放映厅里传来日本学生刺耳的鼓掌、欢呼，鲁迅紧缩的心开始流血。他无比悲愤地走出了放映厅。

中国看客麻木的表情，深深震撼着鲁迅的内心。

"幻灯片"事件彻底动摇了鲁迅的"医学救国"梦。他认识到，就算国民的身体健康了，可是，如果他们的精神世界仍旧是麻木的、愚钝的，那么这个民族还是没有希望。

鲁迅再次做出了一个重要的抉择：离开仙台，放弃现在的医学，从事文艺活动，用深刻的文艺作品救治国人麻木、愚钝的精神世界。

1906年3月15日，鲁迅作别仙台，回到东京，开始了最初的文学活动。

那时候的仙台怎么也没有想到，它这里走进来的是一位学医的周树人，而走出去的周树人，后来成为一位伟大的文学家。

鲁迅永远记得仙台，因为那里有他难忘的恩师藤野先生，也是他弃医从文的始发站。

仙台后来也没有忘记这位仅仅在这里学习一年半的鲁迅。

10月19日，鲁迅先生逝世的日子，仙台人每年在这一天都要举行纪念活动。1960年，在仙台青叶山下，人们修建了鲁迅纪念碑，上面镶嵌着鲁迅的青铜像，在它旁边还有一尊鲁迅的半身塑像。鲁迅当年听过课的阶梯教室已经成为当地重要的文化遗迹。鲁迅当年经常坐在教室中间第三排最左边的座位，如今这个座位已被标上了特殊的记号。

鲁迅的青少年时代，是人生观、世界观形成的阶段。他时时以救国救民为己任，几次调整自己的奋斗方向，最终确认了自己的人生目标：从事文学活动，救治愚钝麻木的国民。

鲁迅在仙台决定弃医从文，那里是鲁迅一生的转折点。

善于把握自己的人生走向，成功就离我们不远了。

第九章
艰难的文学探索

1

1906年3月，鲁迅在仙台医学专门学校退学，回到东京尝试文学活动。当时，他的学籍在独逸语学会的独逸语学校。不过，鲁迅没有全心做那里的学生，而是立即涉足文学领域，开始译介小说、办文学杂志等文学活动了。

鲁迅在东京依旧过着简朴的生活，只是目标比从前更明确了：他要竭尽所能，通过文学的创造，唤醒国人沉睡的心灵。

最初，鲁迅住在本乡区汤岛二丁目的伏见馆里。那里住着几个粗俗不堪的留学生，平时胸无大志，趣味也实在低级，经常在隔壁大声说笑。这让熬夜苦读的鲁迅感到很不习惯。第二年春天，鲁迅搬出了这里，住在了离伏见馆不远的中越馆。中越馆的房主是一个老太婆，带着一个小女儿生活。这地方的饭菜很单调，常常是难以下咽的豆腐加素菜，可是环境却非常清净，很适合做文学方面的工作。就为这个，鲁迅在这里住了下来。

主人的小女儿叫富子，读小学三年级，一放学回来就帮着妈妈做些家务。她常常探头看那个中国学生在做什么。她悄悄把脑袋缩回来，告诉妈妈说："妈妈，他怎么总是在读书啊？"

"是啊，他是个喜欢读书的青年人。你也跟他学着点，明早上学好好读书啊。"

"我一定好好读书的。"富子乖乖地答应着。

晚上，富子早早睡了，睡到十点多的时候，老太婆心里放不下似的，把富子又喊醒了。

富子揉着眼睛："妈妈，我困。"

老太婆说道："富子，你看看，那个中国学生还读书呢！明早你上学，一定要好好读书啊！"

富子闭着眼睛，大致听懂了妈妈的话，点着头又睡着了。

再次回到东京，鲁迅的生活习惯跟从前有了不同。他总

是睡得很晚，常常通宵工作，早上起床自然也很晚。早上，他醒的时候，富子已经去读书了。他哪里知道，那个叫富子的小女孩学着他的样子，正在学校认真读书呢。起床后，鲁迅习惯先躺在枕上吸上两支"敷岛"牌香烟。那是一种很便宜的香烟，它能帮助鲁迅思考这一天的计划。洗漱之后，鲁迅一般不吃早饭，坐在矮脚书几旁边看看新闻。等到午饭后，鲁迅就安排自己新的一天了。鲁迅很少花费时间去拜会朋友，他不愿意把时间用在无谓的交际上。下午，要是有趣味相投的朋友来访，鲁迅就陪着聊聊有兴趣的话题；如果没有人来访，鲁迅便要去卖旧书的书店买文学方面的书籍了。卖旧书品种最多的书店是离住处不远的郁文堂和南阳堂。

本乡区那些便宜的旧书店，成就了鲁迅的文学梦。

那时，弟弟周作人从江南水师学堂毕业，也被官派到东京留学了。在东京，鲁迅便与弟弟一起从事文学活动。后来，周作人与鲁迅一同成为中国新文化运动的代表人物，对中国现代散文的发展做出了重要贡献。在当时的中国文坛，与鲁迅并称"周氏兄弟"，成为一段文坛佳话。

除了有弟弟周作人这样的"知己"，鲁迅在日本还有一个好友，叫许寿裳。鲁迅常常拉上许寿裳一起去买旧书。许寿裳是鲁迅交往最早、往来最多最久、交情最深的朋友。他们于1902年在东京弘文学院相识，很快就因为绍兴同乡、志趣相投成为好朋友。此后，在日本的七年里，乃至以后在教育部的五年里，他们一直共同从事革命活动和文学活动，他们的友谊直至鲁迅逝世，长达三十四年。鲁迅逝世以后，许寿裳非常悲痛，写了大量介绍鲁迅、回忆鲁迅的著作。

有时候，鲁迅也去稍远的神田去逛旧书店。那里的旧书店比本乡区还多，经常能找到他需要的文学书籍。不过，因为那地方的学生太多，学生的素质就良莠不齐了。书店的老板和伙计总是把眼睛瞪得大大的，生怕他们的书被哪个不检点的学生偷去。

大概是穿着有点寒酸了，鲁迅一进真砂町的相模屋书店，就被那个叫小泽的老板监视上了。被人怀疑成偷书贼，这让鲁迅很不舒服。

鲁迅捅了弟弟一下："瞧瞧，他像不像一个大蜘蛛，蹲在网中间，等着捕捉他的猎物？"

周作人听了，觉得这个比喻太绝妙，嘿嘿笑起来。鲁迅也跟着哈哈大笑起来。兄弟两个一笑，让小泽很不自在，赶紧把目光转移到别处去了。

那天，"蜘蛛"当然没能捕到他盯住的猎物。

后来，鲁迅照样来这家书店买书。他买的书常常跟其他学生不同，多是英文版的文学书。小泽觉得这个寒酸的顾客不同一般，印象也越来越好了，一来二去，跟鲁迅成了朋友。有时候，鲁迅想买西方的书籍，小泽总是尽量想办法搞到，他还特地从欧洲搞来鲁迅需要的书籍。这些真诚的举动对鲁迅帮助很大。

鲁迅在日本留学，官方每年提供四百元的经费，平均一分，每个月只能领到三十多元。这点钱远远不够鲁迅在东京的花销。鲁迅为了省出钱来从事文学活动，吃着难以下咽的饭菜，衣服只是一套很旧的日本和服，冬天夏天使用一套被褥……鲁迅在东京的几年，未添一件生活用品，一副穷学生的派头。本来，鲁迅喜欢喝一点酒的，可是在东京，他连很便宜的葡萄酒和啤酒都舍不得喝了。鲁迅经常熬夜读书写作，需要喝茶提神，他就喝最省钱的茶。在他的住处，连像样的桌椅都不准备，只摆放了一件矮小的茶几。

2

鲁迅这样节俭，都是为了省出经费用于最初的文学活动。

鲁迅在东京的文学活动，第一个尝试就是筹办文学刊物《新生》。一旦确定下来目标，鲁迅便开始筹措经费，设计封面，准备插图，还不时地要购买有关的文学书籍。那段时间，鲁迅只要兜里有钱，就去旧书店买各种可能需要的文学书籍，常常是衣兜鼓鼓的出去，瘪瘪的回来。鲁迅回来拎着一兜子书，脸上很兴奋，嘴里却说："我又贫穷了！"等待着他的又是一个月的亏空。

为了《新生》能顺利出版，鲁迅不时地帮人翻译书稿，甚至还帮人做做校对，赚些零用钱补贴花销。

校对的工作，是好友许寿裳帮助介绍的。

那天下午，鲁迅打算去本乡区的南江堂买几本急用的书。他看好了英国画家瓦支的一本画集，里面的画可以作为杂志的插图的。鲁迅一摸口袋，里面只有几张小票了，它们孤苦伶仃地躲藏在鲁迅的衣兜底下。鲁迅摸了摸它们，捏紧的手又松开了。马上要交房租了，这次就放过它们吧。

这时候，许寿裳的声音从门外传来，很兴奋的口气。

"树人！树人！好事啊好事！"许寿裳一头冲进来。

"什么好事？"鲁迅不动声色，生怕上了这个家伙的当。

"有个校对的工作，可以赚些钱花！"许寿裳认真地看着鲁迅说，那样子好像在告诉鲁迅，他说的不是玩笑话。

"说说，怎么回事？"鲁迅赶紧给这位好友递上一杯水。

原来，湖北要出版一本书，已经由湖北的学生翻译完毕，再经过最后的校对就要付印了。偏偏这时候负责这件事的陈某要毕业回国，便把这件事委托给了许寿裳处理，许寿裳把这件事情应承下来。虽然校对的报酬不是很多，许寿裳还是要给他的贫穷老友分一份的。这不，急忙来找鲁迅了。

鲁迅狠狠地捏了一下衣兜里的几张小票，心里说："你们马上就有伙伴了！"

鲁迅就留下一部分稿子开始校对。

鲁迅做校对认真过了头，竟然超出了校对工作的范围。这部书稿里，有些地方被译者发挥了，加上了许多不符合原文的内容，鲁迅看了很生气，就把多余的文字几笔勾掉了。另外，译文中有不通顺的地方，鲁迅也做了细致的修改。等神田印刷厂的人来取校样的时候，一看改过的校样，开始很生气，就不客气地质问鲁迅："做校对怎么能乱动稿子呢？"

鲁迅微微一笑："有些地方，要是不改过来，我实在看不过去。你还是仔细看看，看看就知道了。"

那人很不屑地看了鲁迅一眼，仔细看着校样上鲁迅改动过的几个地方。等他再抬头看鲁迅的时候，已经换成了钦佩的眼神。他很佩服鲁迅的学识，也很敬佩鲁迅的认真。来人说着虔敬的话，还说希望将来有机会能为鲁迅做点什么。后来，鲁迅和弟弟周作人合作翻译《域外小说集》，就是把书稿拿到神田印刷厂印制的。

不过，走向成功的道路没有笔直的，都是充满曲折的。鲁迅把全部热情投入到文学活动，可最初的努力收效不大。

他精心准备的文学杂志《新生》就没能出版。他甚至都准备好了第一期的插图，插图是英国画家瓦支的油画。他还印制了写作专用的稿纸。办杂志失败的原因主要是经费问题，尽管节衣缩食设法筹措，经费还是远远不够。除了这些，还有人力问题。本来，鲁迅很指望好友袁文薮能给杂志一些资助并写些稿子。他们谈得很好，袁文薮也发誓支持鲁迅的第一个尝试。可是不久袁文薮去英国了，鲁迅去送他，他们约好袁文薮到英国后继续支持鲁迅的《新生》杂志。可是，袁文薮便没有了音讯。这样一来，只有鲁迅、许寿裳和弟弟周作人了。以他们三个人的力量，无法写足一期杂志的稿子。这样，《新生》杂志就没能"出生"。

另外，鲁迅辛苦翻译的两本外国小说《劲草》和《红星佚史》也没能出版。

这些打击没有击垮鲁迅的信念，他仍旧坚持着自己的理想，继续热情地进行文学翻译和练笔，很快在《河南》杂志发表了一些介绍西方先进文学理论的文章。

有一天，一对夫妇来到了鲁迅在东京的新住所西片町。他们是鲁迅和许寿裳共同的朋友蒋抑卮夫妇。鲁迅热情地跟他们打着招呼，请他们坐下。

蒋抑卮自己介绍说："周君，打扰了。我是来东京治耳病的，还没找到住处，暂时就住在你们这里几天。等我一找到住处就搬出去。"

鲁迅热情地说："不必客气，尽管住在我们这里。还是治病要紧！"

这样，蒋抑卮夫妇就寄住在鲁迅兄弟和许寿裳的住处。才住了几天，许寿裳就在西片町十号为他们找了住处，蒋抑卮夫妇就搬过去了。他的住处离鲁迅的住处不远，平时除了去医院治病，没事时就来到鲁迅的住处谈天。这位家里开着绸缎庄，又做着银行家的朋友居然对鲁迅从事的文学活动很感兴趣。

这天，蒋抑卮又来找鲁迅聊天了。他觉得跟鲁迅聊天很长见识。

"周君，又来打扰你了。"蒋抑卮见鲁迅正在伏案写东西，有点不好意思。

"不碍事，快来坐。我就完。"鲁迅写完最后几个字，合上稿纸。

"周君最近又在做什么文章？"蒋抑卮坐在鲁迅身边。

"给《河南》杂志写一篇介绍欧洲诗人的论文呢。"

两人这样聊着，渐渐聊起《新生》杂志没有办成的事情。

"办杂志太难了，我暂时放弃了。我跟二弟译好了一些外国小说，要是能出版就好了。"鲁迅的眉头锁得紧紧的。

"出版外国小说？太好了！请问周君有什么困难没有？"

"只有一个困难：钱。要有一笔印刷费才行。我们没有这笔钱。"鲁迅无奈地摇着头。

"钱，我出！你就说需要多少吧？"蒋抑卮想了想，果断地说。

"真的！蒋君真想出这笔钱吗？"鲁迅的眼睛闪着夺人的光亮。

"君子一言，驷马难追！我帮定了！"蒋抑卮仗义地说。

鲁迅兴奋地站起来，紧紧握住了朋友的双手。

有了蒋抑卮一百五十元钱做资金，他赶紧排版、校对、跑印刷厂。经过一番努力，他和周作人合译的《域外小说集》终于面世了。鲁迅翻看着刚刚装订好的《域外小说集》，激动得流出了眼泪。弟弟周作人则提醒道："树人，我们赶紧拿给蒋君和许君看看吧！"

鲁迅用力点着头。是啊，要是没有朋友的帮助，《域外小说集》真是难以顺利出版啊！

《域外小说集》的出版就成为鲁迅文学活动的第一个成

果。在这部外国小说集里，鲁迅和周作人对外国文学作品的翻译介绍，跟救国救民的革命斗争结合在一起，译文一丝不苟，令人信服。

1909年3月，《域外小说集》第一集出版。不久，东京出版的《日本及日本人》杂志就刊登消息，介绍了鲁迅、周作人兄弟的文学翻译活动。不久，第二集也顺利出版了。尽管这两本书的销售情况不尽如人意，可是它毕竟是鲁迅从事文学活动结下的第一个果实。

经过艰苦的钻研和尝试，鲁迅的文学活动有了很好的开端。

无论什么事情，最初的尝试往往是最难的。

鲁迅刚刚从事文学活动的时候，也不是很顺利。他遇见了很多困难，也品尝到了失败的打击。但是鲁迅以坚强的毅力，一步一步向着文学的殿堂走近。

成功，属于那些坚韧不拔、敢于尝试的人。

第十章
浙江的教师生涯

1

1909年6月，鲁迅结束了在日本的留学生活。

最初，鲁迅打算到德国继续留学深造的，可是因为家境不好，他很想回到母亲身边照顾她。另外，在日本立教大学读书的弟弟周作人娶了一位日本妻子，他的学业和生活都需要资助。为了承担这些家庭责任，鲁迅放弃了去德国留学的念头，回国参加社会工作。

对于母亲，鲁迅是一位孝顺的好儿子；对于弟弟，鲁迅是肯自我牺牲、有责任感的好哥哥。

这年秋天，鲁迅找到了可心的工作。由好友许寿裳推荐，鲁迅到杭州的浙江两级师范学堂工作了。

浙江两级师范学堂是怎样一所学校呢？这个学堂是培养教师的学校，相当于现在的师范大学。学校分为"优级"和"初级"两个部分。"优级"专门培养中学教师，"初级"专门培养小学教师。这所学校原来的校长叫沈钧儒。他是一位思想开明的爱国者，他招聘来的教师中有很多都是具有新思想的日本留学生。所以，鲁迅来到了一所他很喜欢的学校，他决意勤勉工作，为国效力的时候到了。

鲁迅在学校担任化学和生理学教员，还兼任一位日本籍植物学教员铃木珪寿的翻译。

鲁迅雄心勃勃，想把这些年所学的新知识教给他的学生们。

一上班，鲁迅却发现，学校缺少像样的新教材。这点困难吓不倒鲁迅。鲁迅决定自己编一本新教材，经过很长时间的准备，他编写的《生理讲义》①终于完成了。为了学生能直观地接受知识，鲁迅还在这本讲义里面画了七十二幅插图。这一次，鲁迅小时候描画的功夫算是用上了，他深深地为小时候的努力感到欣慰。

---

① 这本讲义有11万字，共248页，现藏在国家图书馆里。

最终，他把这本讲义油印出来，发给他的学生们。学生们翻看着这本图文并茂的课本，爱不释手，更加敬佩这位敢剪掉辫子的老师。

学生们喜欢鲁迅的原因很多，比如，他讲的生理课通俗易懂，把很多道理都糅合在生动的实例中去讲解。还有一个原因，那就是鲁迅的教学特别注意社会实践。

有一天，鲁迅来到讲台前，神秘地跟同学们说："现在请把我的讲义收起来。"

同学们谁都没有动。收起讲义怎么上课呢？一个同学站起来问道："周先生，我们需要讲义。"

鲁迅这才抛出他的计划。他说："今天我们丢掉枯燥乏味的课本，去山里采集植物标本！大家难道不同意吗？"

一听说要到野外活动，同学们都兴奋起来，一齐说："同意！"

经过简单的准备，鲁迅与铃木老师带着同学们出发了。同学们欣喜万分，走在山路上。一路上不时地向鲁迅和铃木请教植物的名称和习性。鲁迅和铃木都一一耐心指导。走着走着，路旁出现了一株开着黄色花朵的植物，引起了几位同学的兴趣。大家指指点点，却说不出它的名字。一位同学就问身边的铃木老师："铃木先生，这株植物叫什么名字？"

铃木老师看了看这株开黄花的植物，脱口说道："一枝黄花。"

同学们嘿嘿乐起来，他们都以为这位日籍老师在胡说八道。其中一个调皮的学生就指着附近一株开着粉色花朵的植物问大家："你们知道它的名字吗？"

大家异口同声道："一枝粉花！"

铃木老师的汉语不是很好，不知道自己被中国学生嘲笑了，礼貌地点着头。这时候鲁迅很严肃地走过来，对那几个搞笑的学生说："你们要想指出别人错了，自己就要对这个问题有把握。你们一定以为铃木先生在瞎说，那么你们就错了。不信就去查查《植物大词典》，这个植物属于菊科，名字就叫'一枝黄花'。你们不知道底细，就轻易怀疑先生的学问，这样很不好。"

学生们这才停止了说笑，然后跟铃木老师道歉。铃木老师不知道发生了什么，就向自己的翻译鲁迅求救。鲁迅微微一笑，很笼统地告诉他，他的学生刚刚明白一个很重要的道理，正在向他致敬。铃木就赶紧跟对面的学生鞠躬，那副既谦虚又无辜的样子差点儿把几个同学逗乐。

在杭州任教的两年时间里，鲁迅带着他的学生们翻遍了杭州周围的崇山峻岭，仅1910年3月，就带着学生翻越玉皇山、栖霞岭采集十二次，采集到七十多种植物标本。这些实践活动令他的学生们受益终身，也表明鲁迅当时具有十分先进的教育理念。

2

1910年7月，鲁迅辞去了浙江两级师范学堂的工作，回到绍兴老家，任绍兴府中学堂博物教员。鲁迅来到绍兴中学堂，同样受到师生和家乡人们的欢迎。其实，这所学校里还有一些教员也是在日本留学的，自然都知道鲁迅在日本从事的进步活动，很敬佩鲁迅的革命精神。有些学生甚至模仿鲁迅，也剪去了头上的辫子。

鲁迅来到绍兴中学堂，自然也把他重视社会实践的教育理念带到了这里。平时，他像在杭州一样，常常带着学生们到羊山、吼山一带采集植物标本。他还带着学生们游览大禹陵，现身说法向学生们进行爱国主义教育。

20世纪初的绍兴，各方面都很落后，大多数学生孤陋寡闻，没有什么见识。有一次竟然议论起"铁路"这种东西。大家的结论是：铁路，就是铁水浇铸的路面。看见家乡的孩子们这样无知，鲁迅很着急，很想找机会带师生出去见见外面的大世界。

1910年秋天，这个机会终于来了。鲁迅得知，南京即将举办"南洋劝业会"。

"南洋劝业会"是怎么回事呢？其实就是一个展览会，展览会的目的是为了振兴民族工商业，同时让国民了解南洋发达的科学技术，对民众进行社会教育。展览会为每个省设立的展馆，除了展出各地特产外，还展出了各地侨胞从南洋引进的先进工艺品和机器。这是一个让学堂师生大开眼界的好机会。好机会就不能错过，鲁迅做出了一个让所有绍兴人都不理解的举动：他要带领学校的两百名师生赶往南京，参观"南洋劝业会"。

两百人的队伍浩浩荡荡离开绍兴，向遥远的南京出发了。那些从未离开绍兴的师生们内心满怀着期待：南京，一定有无数精彩的新鲜东西在等待着他们！

果然，他们见到了从未见过的展品，还有，他们平生第一次见到了电灯和汽车。那些从未进过大城市的师生，似乎更喜欢在晚上逛街。鲁迅就让他们自由安排时间。参观长达一周，学生们学到了很多书本上没有的新知识。

师生们都感谢鲁迅给了他们一次开眼界的好机会。这些师生回去后，把他们的见闻讲给绍兴的人们。人们渐渐地理解了南京之行的意义，无不佩服鲁迅的大胆举动。

　　鲁迅回国后最初的几年，因为职业的原因（后来又先后在几所大学任教），在教育领域积极探索，是一位具有先进思想的教育家。

　　鲁迅在浙江教书时的那些教学方法，即使在今天也仍然有值得借鉴的地方。他重视社会实践的教育思想，是不是很符合现在的"素质教育"的理念呢？

　　如果鲁迅能做我们的老师，一定会让人觉得是很幸运的事情。

　　另外，在绍兴中学堂任教的1911年冬天，鲁迅完成了生平第一篇小说《怀旧》的创作，这篇作品后来在《小说月报》显著位置发表，被认为是现代文学的探索之作。

第十一章
勤勉、智慧的教育部科长

1

1912年初，鲁迅又要离开绍兴了，他在南京有了一份新工作。

这一次，他又得到了好友许寿裳的帮助。南京临时政府的教育总长（相当于部长）蔡元培是绍兴人，经过许寿裳的推荐，他很赏识鲁迅的才学和思想，所以特地邀请鲁迅去教育部任职。蔡元培是一位杰出的革命家、教育家，从某种程度上说，他对鲁迅的提携，造就了后来的鲁迅。鲁迅比蔡元培小十三岁，把蔡元培当成长辈敬重，他们的交往直至鲁迅去世，是一对忘年交。什么叫"忘年交"

呢？就是年纪差别很大、交情又十分深厚的朋友。鲁迅跟蔡元培就是这样的朋友。

几个月后，南京临时政府迁址北京，鲁迅便回绍兴安排了一下家事，然后赶到北京的教育部任职。鲁迅在教育部工作到1926年8月，整整十四年。鲁迅最重要的文学作品《狂人日记》《阿Q正传》等都是在这些年间完成的，他的文学成就也是在这些年间奠定的，从而成为我国"五四新文化运动的主将"。这十四年，鲁迅在教育部的岗位上对中国的图书馆、博物馆、美术馆、动植物园等文化事业的发展也做出了卓越的贡献。

鲁迅在教育部的职务是社会教育司第一科科长。第一科的管辖范围包括博物馆、图书馆、美术馆、动物园、植物园，还有文艺演出等事业，是一个负责管理文化事业的部门。鲁迅在任期间，国家动荡，昏庸的军阀官僚们不重视文物保护，像原来清政府存放在内阁的重要档案资料，只是被人随便装进八千个麻袋塞进一个破旧仓库，很长时间都没人看管。时间长了都被虫蛀了，霉烂了，甚至被无知的人当作废纸卖给了纸店。鲁迅不忍心看到国家的历史文物被偷盗、损毁，他把大部分精力用在收集、保护那些可能流失和毁坏的文物上。

1913年11月20日这一天，历史博物馆给教育部送来了十三种极其珍贵的藏品，是准备参加莱比锡国际雕刻博览会的。

这些藏品自然划归社会司第一科负责看管。收下这些文物后，鲁迅心里很紧张。那个年代，政府腐败，官场黑暗。这批文物送到教育部，部里自然已经有很多官员知道了这个消息。鲁迅很担心这些藏品的安全。他实在不相信教育部的官员们。眼看着要下班了，鲁迅一想到那些文物即将在空荡荡的教育部度过漫长的一夜，心里越来越发慌。他似乎看见，墙上有无数双贪婪的眼睛在盯着这十三件国宝呢。

鲁迅想了很多办法加固门窗，可是都不放心。最后，他想出了一个最简单也是最有效的办法。想到这里，他急匆匆赶回南半截胡同的住处。会馆的人们正在准备饭菜，一见鲁迅这么早就回家，很纳闷。"今天这么早回家？饭菜显得晚了一些啊……"大家奇怪地看着鲁迅。这位科长忙于公务，最近又瘦了。

"各位，我不能吃饭了，晚上也不能在家睡了。"鲁迅很急躁的样子，四处张望着在找什么东西。

"历史博物馆里的事情还那么多吗？都要在那里过夜了？"一位好事的同乡问。

"不是这件事情。不过，这是一个秘密，过了今天晚上我才能跟你们讲的。"鲁迅回头应了一句。

然后，鲁迅径直走进自己的房间，取来两条毛毯，几下卷在一起，跟邻居打个招呼就急匆匆走了。大家都莫名其妙地看着鲁迅的背影。其中一个了解鲁迅性格的人解释说："他今晚不回家，肯定有重要的事情要做啊！"

鲁迅急匆匆赶回教育部，还有意让几个人知道：他是准备住在部里看守文物。这样就让那些没安好心的人打消了坏念头。

夜色很快黑了下来，教育部的院子里越来越安静，能听见老鼠在地上跑过的声音。初冬的北京已经非常寒冷，夜里更是寒气逼人。鲁迅把毛毯拿过来，一条铺在地上，一条裹在身上，就躺在文物旁边，然后竖起耳朵，不放过外面一点儿动静。时间一分一秒地过去了，鲁迅时刻等着跟窃贼拼命。

"只要我在，谁都休想拿走一件文物！"鲁迅深深吸了一口气。

室内的空气过于寒冷，刺激了鲁迅的气管，他禁不住咳嗽起来。他的咳嗽声在静夜里显得特别大，好像把墙角的灰尘都振落了。鲁迅索性又故意有力地咳嗽了几声，咳嗽在回廊里传来传去。鲁迅似乎看见一个猥琐的身影被吓得抖了一下，然后缩成了一小团，被这一声咳嗽击碎了。

鲁迅快意地笑起来，然后点燃蜡烛，就着暗夜里那一点

灯光，从容地读起书来。

就这样过了很久，钟鼓楼那边传来的鼓声告诉鲁迅，时间已经过了半夜。这时候，窃贼还没有现身。不过，瞌睡虫却来找鲁迅了，鲁迅跟它们挥着拳头："走开走开！今晚我不需要你们来做伴儿……"可是他们还是缠住鲁迅不放。鲁迅就把身上的毛毯取下来，寒气马上包围上来。寒气一来，瞌睡虫们就跑了。鲁迅自言自语道："原来你们比我还怕冷！"

当东方现出灰白的晨曦，鲁迅打了一个哈欠。他知道，文物们安全了。但是他不敢松懈，还是瞪大了眼睛看守着那十三件藏品。又过了一会儿，一轮红日从东方升起来了。

一、二、三……鲁迅又数了一次。没错，看着眼前的文物一件不少，还是十三件，鲁迅这才满意地合上眼睛。

早上，部里的同事来上班，还没进办公室，就听见鼾声如雷。打开门一看，鲁迅裹着毛毯，躺在文物旁边睡得正香。

同事默默地竖起了大拇指，很敬佩这位小个子科长。

2

鲁迅在教育部社会司工作期间，还为京师图书馆的发展付出了很多才智。

京师图书馆就是现在的北京图书馆前身，创建于1909年

7月，1912年8月开馆。那时候，京师图书馆的藏书不多，鲁迅想了很多有效的办法来充实它的馆藏数量。他本人还经常把自己的藏书捐献出来。鲁迅的工作为后来的北京图书馆奠定了基础。这期间，鲁迅为了保证京师图书馆的珍贵藏书不流失，还多次与像孔乙己那样的"窃书贼"周旋，保护了国家的重要典籍。

有一天，一位做过教育总长的社会名流来京师图书馆了。这位老总长是出名的藏书家。鲁迅客气地接待了他，问他要借阅什么书。老总长小声告诉鲁迅，他是为一部宋朝版本的藏书而来，想借回家中一看。鲁迅一听，就明白了。老总长提到的那部宋版图书是珍贵的版本，按照规定是不许外借的。鲁迅不能对任何人破例。

鲁迅就很认真地对老总长说："按照馆内规定，这部书是不能外借的。"

老总长很不高兴，可是他知道鲁迅的性格，也拿他没有办法，就问："就没有别的办法了吗？我很想看看，哪怕看一眼也好啊！"

瞧瞧，这也是一个超级书迷。鲁迅也是一个书迷，当然理解老总长的心情，就想出了一个好办法，这个办法既能满足这位书迷的愿望，又能保证藏书的安全。

鲁迅说:"这样吧。您可以住在图书馆的一个单间里。我们把书送过来,您就可以读到它了。如果读不完,我们先收回去,您明早起来接着读。只是,绝对不能带出去。"

老总长一听,只好同意鲁迅的做法,乖乖去那个单间等鲁迅送书来。鲁迅很快把那部宋版书给老总长送了过去。老总长如获至宝,小心地打开楠木盒子,贪婪地翻看着这部珍贵的藏书。他这样的表情让鲁迅很不放心。

就这样过了几天,老总长住在这里看书,看过后装回到楠木盒子还给鲁迅,第二天早上再送过来……

这一天,老总长叫人请来鲁迅,对鲁迅说:"我有事要回去几天,过几天再来读它。现在就请收回去吧。"然后就让手下人把楠木盒子交给鲁迅,自己拿起网篮和铺盖出门而去。

鲁迅双手接过楠木盒子,再转交给工作人员。工作人员端着楠木盒子就要走开。突然,鲁迅意识到了什么,总觉得这事情有点不对头,赶紧回头对工作人员说:"先停下,让我再查验一下盒子!"然后就打开楠木盒子。一看,盒子果然是空的,藏书不在里面。

书被"调包"了!

鲁迅看着老总长,没有说什么。

老总长一见他的花招被鲁迅识破,赶紧给自己找台阶,对自己的手下人说："混账东西，怎么没把书放好呢？快看看书哪里去了？"

手下人赶紧从网篮里拿出那部珍贵的宋版书，乖乖放进了楠木盒子："对不起，我马虎了，刚才收拾行李时，把书装错了地方……"

鲁迅微微一笑，说："这可是国家的珍贵典籍，以后可不能再马虎了。你再马虎一次，老总长可要成窃书贼了！"

老总长羞红了脸，离开了京师图书馆。老总长一走，鲁迅才长长出了一口气。

事后，鲁迅跟弟弟讲起这件事，说京师图书馆的书常常有被偷的危险，唯独这一次是最危险的。他的疏忽险些让这部藏书失窃。要不是他当时灵机一动，恐怕就再也找不回来了。

鲁迅以自己的勤勉和智慧，在那个混乱的年代里，艰难地恪守着职责，为国家的博物馆事业、图书馆事业做出了力所能及的贡献。鲁迅在教育部工作期间，还热情参与了汉字的定音、注音工作，并发挥了积极的作用。

鲁迅的勤勉，值得学习；他处理棘手问题时的智慧，更值得学习。

第十二章
名著诞生记

1

　　宣武门外的南半截胡同幽静、平实，绍兴会馆就坐落在这条胡同里。1912年5月，这里迎来了一位重要的住客。他其貌不扬，个子不高，梳着平头，却是满身的精气神。他住进了绍兴会馆的藤花馆，一住就是四年。

　　他就是赶到北京来教育部任职的鲁迅。

　　鲁迅白天去教育部上班，晚上住在藤花馆，过着深居简出的生活。他很少出来跟胡同里的熟人聊天，自顾在房间里校阅古书，研读佛经，他甚至还收集了很多金石拓片。辛亥革命以后，国家的政局动荡，官场腐败，这些都令鲁迅很苦闷。工作之余，他更愿意跟那些古旧的东西打交道，他从那里面找到了很多寄托，顺便也为他的文学理想做着扎实的积累。

1916年5月，鲁迅移居到绍兴会馆的"补树书屋"。

说起"补树书屋"，它的名字还有个来历呢。据说，从前这个小院长着一棵楝树，后来折断了，主人就补种了一棵槐树，这就是"补树书屋"的来历。"补树书屋"的故事还不少呢。许多年前，有一个姨太太在那棵大槐树上吊死了。打那以后，这个小院子就没人愿意住了。就为这里吊死了女人，会馆还定了一条规矩：不准住家眷，特别是女人。有一回，一个姓谢的官僚带着媳妇要来绍兴会馆避难，大家一致反对，谢某不得不搬出去了。

这些，都成全了鲁迅。吊死了人，这个僻静的小独院才一直空着，等着它真正的主人鲁迅来住。鲁迅可不管吊死人的事情，他一下子就相中了这个安静的独院。

会馆的老齐头儿给鲁迅打开了院门，没有跟进来，胆战心惊地站在门口。鲁迅一个人进来，见老槐树上垂下来一丝一缕的东西，在空中摆来摆去。

鲁迅转身问老齐头儿："这摆来摆去的丝是什么？"

老齐头儿把头探进来，小声告诉他："那是槐树虫吐出来的丝，大家伙儿都管那个叫吊死鬼……"

老齐头儿说完赶紧把头缩回去了。

鲁迅爽朗地笑起来，对挑行李的伙计说："哈哈，吊死鬼？喜欢这个名字！快把行李搬进来吧！这地方我住定了，我等着这个吊死鬼深夜来访，我好跟她讨论讨论古书哩。"

就这样，鲁迅住进了没人敢住的"补树书屋"。鲁迅一住进"补树书屋"，这个很平常的小院子便跟中国现代文学史有了关系。你一定听说过《狂人日记》吧，它是中国第一篇白话小说；还听说过《孔乙己》《药》吧……它们都是在这个僻静的小院里诞生的。

本来，刚刚住进"补树书屋"的时候，鲁迅还在苦闷之中，每天还是靠整理古籍度日。他在苦苦地为自己的人生理想寻找突破口。

他哪里知道，这个时候，一扇大门正悄悄向他打开了……

1917年8月的一个午后，鲁迅正在家里研究拓片，就听见老齐头儿对着"补树书屋"喊道："周先生，有位钱先生来拜访您！"

"请他进来吧！"鲁迅一时没想起是谁来了，就站起来，出屋迎接。一看，来者是个胖子，手提一个大大的皮夹子。

"是你！爬翁！"鲁迅激动得握住了来人的手。

来人叫钱玄同，是鲁迅在日本留学时的同学。当时他们一起在东京的《民报》社听革命家章太炎讲学，钱玄同听得高兴，便在座位的垫子上爬来爬去的，大家便给他起了一个绰号"爬翁"。回国后，鲁迅在浙江的时候，包括最后来到北京，他们一直都有交往。现在，这位文字学家正在热心编辑《新青年》，倡导文学革命，倡导白话文运动呢。

老朋友一坐下来就开始聊天了。

钱玄同不赞同鲁迅把自己关在"铁屋子"里的封闭状态。钱玄同说："在日本的时候，你不是提倡文艺运动吗？我想，你可以写一点文章了，写出来也好支持一下《新青年》杂志。"

鲁迅心有所动，可是他对《新青年》杂志还需要慢慢地了解。

打那以后，钱玄同个把月就来找鲁迅聊天，聊白话文，聊新文学，他们达成了很多共识。鲁迅沉睡的内心似乎渐渐苏醒了。

第二年，也就是1918年的春天，南半截胡同里的槐树满枝苍绿。老齐头儿又在喊鲁迅了："周先生！钱先生来访！"

鲁迅这天正感受着春天的勃勃生机，心情正好，一听老友来了，兴奋异常。

钱玄同带来了《新青年》杂志的新消息：现在几位同人轮流主编《新青年》了，他需要鲁迅的支持。钱玄同一番慷慨陈词，彻底唤醒了沉淀在鲁迅心底多年的激情：假如自己的文字与思想还能唤起几个清醒的人，那么就到了行动起来的时候了！

鲁迅决定提起笔上阵了。

这时候，鲁迅的头脑里再次浮现出一个青年的样子，他是鲁迅的远房表弟，在浙江法政专门学校读书，后来步入尔虞我诈的官场。可想而知，在那个混乱的年代，他的理想和抱负根本得不到施展，整日抑郁孤独，最后得了"迫害狂"这种精神疾病，总认为别人到处撒下了罗网要杀死他。后来，他逃到北京来找鲁迅避难，还是感到有人在跟踪他，这让他很惶恐……鲁迅想着这位经历坎坷的表弟，笔下似乎有了神助，一发而不可收拾了。

就这样，鲁迅写出了一篇小说，题目为"狂人日记"。钱玄同看后，非常欣喜，把它发表在当年五月出版的《新青年》第四卷第五号上。这篇小说发表时，鲁迅第一次使用了"鲁迅"这个笔名。《狂人日记》是我国第一篇白话文小说，在中国现代文学史上占有非常重要的地位。完成《狂人日记》的写作，鲁迅多年的文学储备终于找到了出口，他的文思完全活跃起来，"补树书屋"的烛光成了长明灯。他接连又写出了《孔乙己》《药》等小说名篇。有了这些作品，鲁迅走在了新文化运动的前列。

钱玄同的稿约，触发了鲁迅的创作灵感。所以，我们要知道，鲁迅那些名篇的诞生，钱玄同也是有功劳的。

2

1919年8月，鲁迅买下了八道湾十一号作为自己的私宅。经过几个月的修缮，鲁迅就跟弟弟周作人入住了。

有了固定的居所，鲁迅就想，现在可以回绍兴老家把母亲接来了。12月，鲁迅跟教育部请假回到了绍兴。他一到家就着手变卖旧宅和家产，还把一些家当送给了童年伙伴运水。处理完家当，他跟他的百草园和三味书屋告别，跟他童年的伙伴运水告别，跟他的故乡告别。

只带着几件简单的行李，搀着年迈的母亲，还有小弟弟，鲁迅把绍兴的家搬到了北京。

从此，鲁迅与母亲、弟弟周作人一家住在八道湾，过上了一段较为安定的生活。直至1923年8月迁居砖塔胡同六十一号以前，鲁迅就在八道湾生活、创作，又一批重要作品在这里完成了。

1921年11月27日晚上，鲁迅在家里接待了一个客人。这个人是鲁迅在绍兴山会师范学校任教时的学生（后来还在北京大学听鲁迅讲授《中国小说史略》），名叫孙伏园。那时，孙伏园正在《晨报》做副刊的主编。鲁迅见到自己的学生，很高兴。两人一起回忆着在绍兴的师生情谊。说着说着，鲁迅突然问孙伏园："伏园，你这么晚来找我，该不会只是来叙旧的吧？"

鲁迅这样一问，孙伏园笑了："真让先生说着了，学生确实不是来叙旧的。"

"那就直接说嘛！"鲁迅坐近了些，等着学生说出他的心里话。

"先生，我们的《晨报》副刊新开了一个栏目，叫'开心话'，每周一次。我这次来，是求援的，想请您给我们写点稿子。"孙伏园说完，充满期待地看着鲁迅。他知道鲁迅喜欢帮助青年人，他一定会答应学生的请求的。

鲁迅沉思片刻，才说："稿子我一定要写的，我在想应该写点什么……"

送走孙伏园，鲁迅坐在狭小的房间里陷入了沉思。慢慢地，一个光着脚赤着背、头戴毡帽的农民形象浮现出来，他有农民的质朴，也染上了游手好闲的毛病，爱跟人打架却总是挨打，挨打了却骂得很凶，让人觉得他是胜利的一方……

"这个形象在我的心里似乎已经存在好几年了。"鲁迅突然意识到。现在，孙伏园的一个稿约，让他更加清晰了。

鲁迅就开始动笔写出这个形象，并把多年对中国国民性的深刻剖析加进了这篇小说。

这部作品就是中篇小说《阿Q正传》。

《阿Q正传》从1921年12月开始在《晨报》连载，一直到1922年2月全部完成。在连载的过程中就引起了轰动。后来，这部小说被翻译成很多种文字，在国外也产生了很大影响，充实了世界文学的人物画廊。《阿Q正传》成为鲁迅的小说代表作，是中国小说史上一部不朽的杰作。

因为约稿约到了著名的小说《阿Q正传》，孙伏园也成为著名的副刊编辑了。他为《阿Q正传》的诞生确实做出了贡献。当初《阿Q正传》开始连载的时候，孙伏园每周都来八道湾催稿子，他一来就笑容可掬地提醒鲁迅："先生，《阿Q正传》的下一期稿子明天就要排印了……"孙伏园一来催稿，鲁迅便抓紧了写作的进程。

另外，这部小说在《晨报》连载一段时间后，鲁迅想尽快为小说结尾，可是孙伏园希望它写得再长些。后来孙伏园出差，把编辑的工作交给另外一个人，鲁迅便借这个机会，

给了"阿Q"一个结局。所以，等孙伏园出差回来的时候，阿Q已经被"枪毙"一个多月了。

假如孙伏园不出差，鲁迅也许还会把《阿Q正传》写下去。那么，这部作品的结尾会是什么样呢？我们不妨帮鲁迅先生续写一下结尾，写一部新的《阿Q正传》出来。

第十三章
年轻人的良师益友

"只要能培育一朵花，就不妨做做会朽的腐草。"这是鲁迅经常说的一句话。

据鲁迅的夫人许广平回忆，为了帮助文学青年，鲁迅"逐字逐页地批改文稿，逐字逐句地校勘译稿，几乎花费先生半生功夫。"

在绍兴教书的时候，在北京倡导新文化运动的年代，乃至定居上海专事文学创作的最后十年，鲁迅把很多精力用在扶持青年上。

对待年轻人，鲁迅既是良师，又是益友。

1

鲁迅在绍兴中学堂任职的时候，从浙江两级师范学堂聘来一位很有才华的年轻教师，他叫祝静远。祝静远是一位很有才华的年轻人，十四岁的时候就以第一名的成绩考中了秀才，读中学的时候成绩也非常优秀，每科都接近满分。他后来升入浙江两级师范学堂读书，成为鲁迅的学生，这期间的成绩也十分优异，很受鲁迅的赏识。因为成绩好，祝静远师范学堂毕业后留校，任地理老师。不久，鲁迅到绍兴中学堂任职，因为赏识祝静远的才华，几个月后就把祝静远聘到绍兴中学堂来工作。

祝静远的工作很出色，加之自幼才华横溢，为人有些傲气。鲁迅很想善意地提醒他，苦于一直没有机会。

有一天，鲁迅想起了自己在日本翻译出版的《域外小说集》，很想送给祝静远读读。这本小说集是鲁迅和弟弟周作人精心选文、精心翻译的外国优秀小说作品集，小说的思想内容都是有关民族解放和社会解放的。这样的书对青年人的成长很有好处，所以鲁迅愿意无偿送给祝静远，希望对他有些引导。

"先生，您找我有事指教吗？"祝静远兴冲冲地站在鲁迅面前。

鲁迅微微一笑，把《域外小说集》送给祝静远："静远，这是我和弟弟在东京读书时译印的外国小说，你读读，也许有些帮助。"

祝静远收下这本书，很感激，说："先生，我回去一定认真拜读！"

鲁迅却谦逊地说："我译得很不好，词不达意，没有文气。我虽然喜欢文学，而文章写不好，所以不大敢写。"

"您太谦虚了。其实凭您的学识，可以很张扬的。何必那么委屈自己呢？"祝静远对鲁迅的态度有些不理解。

"对你我用不着谦虚的。我是心里对自己的学问不很满意，才这样说的。"鲁迅真诚地看着眼前这个有才气也傲气十足的年轻人。

听鲁迅这样一说，祝静远突然觉得，面前矮小的先生一下子高大起来，同时也为自己平时的自傲感到惭愧。鲁迅那样一位有学问的人，对自己还是不满意，自己的这点小才华哪里值得骄傲呢？祝静远开始意识到自己人格方面的不足。

后来祝静远回忆说："从鲁迅先生那里，我初步体会到谦逊才能使人不断进步。"

2

绍兴中学堂又一个新的学期开始了。发新书的日子，学生们总是很兴奋。他们聚在一起翻阅着这个学期即将学习的新内容。

这时候，他们想起了鲁迅先生的嘱托：一定要爱护新书，新发下来的书要用一个学期呢，如果不好好爱护，到了期末就损坏了……

对啊，先别翻阅了，快点给新书包上书皮吧。学生们有的用白报纸，有的用道林纸，很快就包好了书皮。接下来，还有一件很重要的事情要做，那就是在书皮上写书名和姓名。

有几个学生拿起笔，自己写了上去。写完一看，字迹很难看。

"我看我们还是去找鲁迅先生给题写吧。他的字是最好的，他也愿意给我们写。"一个叫周家枚的学生说。

"每次都去找他，他太忙了。我看这次就算了吧。"有人这样说。

学生们很矛盾。不忍心再去打扰忙于教务的先生。

这时候，一个同学提议去试试，要是先生不忙，就请他写，要是忙，就赶紧走开。这个办法很好，大家很赞同。于是就到学校食堂东边的小楼来了。鲁迅先生就住在这幢小楼房东边的一间。周家枚轻轻敲响了鲁迅先生的门。

"请进！自己开门就是。"鲁迅先生的声音。

"先生，我们想……不知您忙不忙？"周家枚拿着新书，怯生生地问。

他们都看见先生正坐在书桌旁边忙着勾画什么。新学期一来，先生总是很忙的。因为忙碌，他那间简陋的房间也很长时间没有整理了，显得很杂乱。

"哈哈，我就知道你们又要来找我了。来吧，我现在就给你们题写！"鲁迅说着，推开手里的工作，拿起毛笔蘸了墨水，"谁题第一个？我看是不是先排好队啊！"

这样，鲁迅就挨个为他的学生们题写书名和姓名。他写得很认真，尽量用工整的楷书书写。

这时候，学校派人来找他，有校务要处理。那几个还没有题写的学生很遗憾地收起了书，要离开。

鲁迅拍拍他们的肩膀，说："先放下嘛，谁让你们拿走的。我晚上抽空为你们题写，明天早上来拿就行了。"

这几个学生赶紧把书规规矩矩放在鲁迅的书桌上，开心地跑开了，一路上说着先生的好话。

周家枚说得最兴奋："你们猜，先生为我题写多少册了？"

"一册还是两册？"

"你们听好了：《动物学》《植物学》《矿物学》《生理卫生》……"周家枚一气说出了所有的书名。

同学们听了，都很羡慕他，心里就更加崇敬他们的先生。

3

鲁迅在教育部工作的十几年，先后在北京大学、北京师范大学、女子师范大学等几所大学做兼职讲师。那些年，鲁迅发表了很多有影响的作品，成为中国新文学的奠基人。因此，常常有进步的文学青年向他讨教，请他看稿子。从《鲁迅日记》中也可以看出，鲁迅几乎每天都要接待青年学生，而到了夜晚，他除了自己写作外，有很多时间还要为青年们校勘改写手稿。

可以说，鲁迅的生命有相当大的一部分是为青年们燃烧的，鲁迅对青年们的无私关爱，赢得了青年们的拥护和爱戴，被进步文学青年奉为精神导师。

有一天，一个操着安徽口音的学生来拜访鲁迅，来人叫李霁野，去年春天到北京读书，一边自修着英语，对文学翻译很有兴趣。

"你都译过什么？"鲁迅很敬佩这个不甘寂寞的小伙子。

"说来羞愧，课余编译些短文给报刊，换些生活费和学费……"李霁野的脸一下子红了。

"那就很了不起！"鲁迅掐灭了烟头，看着对面的这个年轻人。

李霁野说着，还拿出了他新近尝试翻译的一本新作，是俄国作家安德列夫的剧本《往星中》。他是来请鲁迅发表意见的。

鲁迅双手接过来："我一定仔细看看，再给你提意见。"

这期间，李霁野的小学同学韦素园身患肺结核，可是他十分喜爱苏俄进步文学作品，克服病痛，辛辛苦苦翻译出了俄国作家果戈理的小说《外套》，还编译了一本俄国短篇小说选《最好的光芒》。韦素园的弟弟韦丛芜也喜欢文学翻译工作，翻译了俄国作家陀思妥耶夫斯基的小说《穷人》，台静农的兴趣是创作乡村小说……他们希望他们的作品能及时出版传播，对社会进步发挥作用。于是都来找鲁迅，希望得到鲁迅的指导和帮助。

鲁迅很喜欢这几位有理想、有抱负的青年，便支持他们创办一个文学社，出版杂志和书，把自己的作品刊行出去。

1925年夏天的一天，几位青年相约来到鲁迅在阜成门西三条胡同的住所，一起酝酿一个文学社团的成立。

首要问题自然是经费问题。大家粗略核算了一下，起码要准备能出版四次半月刊和一本书的经费，然后卖掉这些书刊，换来的经费就可以运转下去了。一算，大约需要六百元。这个数目，对于这几个青年来说，可是个不小的数目。大家刚刚还兴奋的情绪一下子灰暗下来，都不说话了。大家不自觉地把目光转向一直微笑着的鲁迅身上。

鲁迅的表情一下子凝重起来，思绪回到了十几年前的东京。那时候，他和几个朋友也要办一个叫作"新生"的杂志，最后就是因为经费问题放弃的。现在，几个青年遇见了跟他当年一样的情况。

"不能再让这些青年遭遇跟自己一样的尴尬了。"想到这里，鲁迅飘远的思绪马上回到了眼前的几个青年身上。

鲁迅的目光定了定说："钱的事情也不难。你们能不能每人凑五十元？"

大家没犹豫，说能。可是一算，还差一半呢。

李霁野很为难地对鲁迅说："再不能多了……"

笼罩在几个青年头顶的阴云更加浓厚了。

鲁迅点着一根烟，吐出一个漂亮的烟圈，说："另外一半就在你们眼前啊！"

大家看着鲁迅，怎么也不能相信鲁迅说的话。鲁迅先生的生活也不算富裕啊。

"另外一半我出了！"鲁迅明确地说出了他的想法。

紧接着，那间被煤油灯照亮的小屋子里爆发出一阵响亮的欢呼声。

中国现代文学史上一个重要的文学社——未名社就这样创立了。

从未名社成立，到1926年鲁迅离开北京，《鲁迅日记》关于未名社的记载多达一百二十次，与未名社成员来往近四十次，互相通信五十封……这些都可见鲁迅对这个文学社的深切关怀。这期间，鲁迅除了继续出资外，还经常为未名社的刊物《莽原》写稿，帮他们打开了局面。同时，鲁迅对未名社出版物的装帧印刷、销售发行等事项，都有很多指点。鲁迅甚至连刊物上的标点和字体都提出自己的意见。这些都令未名社的成员感激至深。离京南下后，在恶劣的境遇里，在繁重的教学和创作之余，鲁迅还没有忘记这个文学社，一直支持着未名社的工作。未名社也没有辜负鲁迅的关心和期望，在它存在的六七年中，出版书籍二十多种，期刊七十多期。

未名社成为现代文学史上最重要的文学社团。

4

1926年8月至1927年10月，鲁迅先后在厦门的厦门大学和广州的中山大学任教。这期间，鲁迅与许广平结婚。1927年10月，鲁迅到达上海，自此辞去了所有的社会职务，在上海专事写作，直至逝世。

鲁迅的最后十年，创作了大量的杂文，出版了很多译作，也培养了很多青年作家。

1934年9月19日，鲁迅收到一封寄自青岛荒岛书店的来信，来信是一位叫萧军的文学青年，读过他的《野草》，还向他请教小说方面的问题，更想把他和妻子萧红的作品寄给他指教。鲁迅很快回信给这位思想进步的青年，热情解答了他的问题，同意他把作品寄来看看。

给鲁迅写信求教的萧军和萧红都是来自东北的青年作家。那时候，东北已经被日本占领，他们因为发表了抗日爱国思想的作品，不得不逃离东北，一路南下，暂时在青岛避难，工作之余继续创作文学作品，表达他们的爱国思想。收到了鲁迅的回信，萧军和萧红受到了很大的鼓舞。萧军、萧红把鲁迅的回信跟书店主人读了一遍，然后又跟很多朋友读了又读。有一天，萧军好不容易有了一个独处的机会，他就跑到住处附近的山头，再次把鲁迅的回信独自读了一遍。

鲁迅的回信像一盏明灯，照亮了两位青年作家的心。

不久，萧军和萧红离开青岛到了上海。按照鲁迅回信的地址，他们把萧红的《生死场》初稿和两人合作出版的一本作品集《跋涉》给鲁迅寄去，还表达了当面求教的愿望。

然后又是漫长的等待。

鲁迅于11月3日收到了萧军寄来的信和文稿。一点没耽搁，当日就给两位虔诚的青年作家回了信，还答应寻找合适的时机见面。那时候，上海的环境很复杂，也很不安全。萧军和萧红的住处离鲁迅的住处很远，他们还是主要靠信函联系，不能轻易跟鲁迅见面。

1934年11月30日下午，让萧红、萧军激动的时刻到来了：鲁迅答应在内山书店与他们见面。

第一次见面的情景，多年以后，萧军还能清晰地回忆出来……

那天，萧军和萧红急匆匆赶到内山书店的时候，鲁迅已经早早等在那里了。因为环境复杂，鲁迅跟两位青年作家只是简单地相认一下，然后就带着他们去了他的家里。

鲁迅利落地走在前面带路。那天，鲁迅的简朴给萧军和萧红留下了深刻印象。他没有戴帽子，也没有戴围巾，只穿了一件黑色的又瘦又短的长袍，一条藏青色的西服裤子，脚下是一双黑色的橡胶底网球鞋……

因为刚刚得病的缘故，加上经常熬夜写作，给青年们看稿子、回信，鲁迅的脸色也不好。现在，他又冒险来帮助两位来自东北的青年作家。

萧军跟在鲁迅身后，看着鲁迅瘦削、苍老的背影，感动、心疼……一种复杂的感情油然而生，萧军禁不住热泪盈眶。

在鲁迅家里，他们向鲁迅先生介绍了东北的斗争情况和自身的遭遇。鲁迅先生也给他们讲了上海的斗争局势以及文艺界的混乱情况。

听着听着，萧军被反动派的无耻行径激愤了，竟然天真地提出了这样的建议：

"我们不能像一头驯顺的羊似的，随便他们要杀就杀，要抓就抓……我们准备一把手枪，一把尖刀吧！"

"这做什么？"鲁迅惊讶地问道。

"他们来了，我们就对付他，弄死一个够本，弄死两个……有利息！总比白白地让他们弄去强！"萧军一口气说出了自己的愤慨。

鲁迅先生听后，默默地笑了一下，而后吸了一口烟说道："你不知道，上海的作家们，只能拿笔写，他们不会用枪……"

他们之间的交谈坦诚、直率，时间很快就过去了。

分手时，鲁迅先生把装有二十元钱的一个信封递过来，说："这是你们所需要的……"

望着鲁迅借的钱，萧军这个耿直的关东硬汉子不由得又一阵心酸，一股泪水很快浸满了他的眼眶……

听说他们回去坐车的零钱也没有了，鲁迅先生又默默地从衣袋里掏出了零钱。

萧军双眼含着泪，将《八月的乡村》抄稿交给了许广平女士。

当萧军他们走入电车车厢以后，鲁迅先生还直直地站在那里望着他们，许广平女士则频频地向他们扬着手中的手帕，一旁的小海婴也在挥动着他的一只小手……

与鲁迅先生的这次会面，对萧红、萧军来说意义十分重大。它不仅加深了他们与鲁迅之间的相互了解，奠定了深厚的感情基础，也使他们得到鲁迅的悉心指点，从鲁迅那里学会做人、做学问，为今后在上海立足，并从事文学创作铺平了道路。

12月19日，鲁迅特意在梁园豫菜馆请客，把萧红、萧军介绍给茅盾、聂绀弩、叶紫、胡风等左翼作家。这些人后来都成为萧红的好朋友，对她的创作和生活产生了一定的影响。不久，萧红、萧军在鲁迅的支持下与叶紫结成"奴隶社"，并出版了"奴隶丛书"。

1935年7月，在鲁迅等人的帮助下，萧军的长篇小说《八月的乡村》终于出版了，一出版立即轰动了文坛，还奠定了萧军在我国现代文学史上的地位。当年12月，萧红的中篇小说《生死场》以"奴隶丛书"的名义也在上海出版，在文坛上引起巨大的轰动和强烈的反响，萧红也因此一举成名，确立了在中国文学史上的地位。后来，萧红还写出了《呼兰河传》等很多名作，成为我国30年代最了不起的女作家。

对青年的无私帮助，是鲁迅伟大人格的体现。

鲁迅帮助过的青年人，有很多都成为对国家有贡献的人。他帮助过的李霁野后来也成为我国著名的翻译家、教授，为我国的文化教育事业做出了一定贡献。

"横眉冷对千夫指，俯首甘为孺子牛。"这是鲁迅的名句。

鲁迅说到了，也做到了。

第十四章
温和、慈爱的父亲

1

1929年9月27日，一个男孩儿的哭声打破了鲁迅平静的书斋生活。五天后，鲁迅为他取了名字：海婴。取上海出生的婴儿的意思。他认为名字读起来悦耳，字也通俗。

"叫海婴怎么样？"鲁迅征求男孩儿母亲的意见。

"很好啊！就这样叫吧！"许广平幸福地看着鲁迅。

"嘿，小东西，你喜欢这个名字吗？"鲁迅看着被子里的男孩子，向他征求意见。

男孩儿扭过头去，哭了。他太小了，只

会哭。哭，有时候也是赞同的意思。

"好吧好吧，要是你长大不喜欢了，爸爸再给你改一个。"鲁迅疼爱地看着儿子。

就这样慈爱地看着，一转眼，海婴就长大了，要去幼儿园了。

有一天，小海婴赖着不愿意去幼儿园。鲁迅就很生气的样子，四处寻找东西，非要打他一顿不可。用什么打呢？笤帚？太硬了，打上去会疼的。尺子？那可不行，那是小时候私塾里先生打手掌的……鲁迅找了半天，也没找到合适的东西。最后他捡起一份报纸，卷成一个大大的"棒子"，狠狠地照着小海婴的屁股打下来。小海婴哪里见过那样的大棒子，吓得闭上了眼睛。谁料，那根大棒子打在屁股上一点都不疼，还痒痒的。小海婴禁不住笑起来。

鲁迅就用这样的办法狠狠地"教训"了一次小海婴的"逃学"。

春天一过，夏天来到了上海。上海的夏天又热又湿，很不好过。小海婴的背上常常湿漉漉的，时间一长起了痱子。小海婴痒得直哭。鲁迅一听海婴哭了，就扔下毛笔过来看："没事，没事，爸爸给你想办法。"

晚饭后，小海婴自己跑到二楼爸爸的卧室，躺在爸爸的床上不走了。

"爸爸，我痒，你说的办法在哪里啊？"

"就来了。乖乖趴在床上等着爸爸……"

鲁迅就拿出一个小碗和一团海绵，蘸着一种药水给小海婴擦拭。每擦一个地方，妈妈就在旁边用扇子扇，直到干燥为止。小海婴舒服地躺在爸爸和妈妈中间，心里感到无比温暖。

在小海婴的印象里，爸爸是个一直趴在书桌前写作的长者，他早上醒得比较晚，因此小海婴每天早上起来都是蹑手蹑脚的，大家都让他别吵着爸爸。现在小海婴病了，病了就有理了，不必担心影响爸爸写作了，尽可以赖在爸爸的房间里了。就这样，小海婴一直磨蹭到天彻底黑了，见爸爸又要工作了，小海婴才跳下床，下楼去了。他发现，身上的痱子也不那么痒了，大概治好了。

小海婴很钦佩爸爸的医术，以后再长痱子也不用怕了，何况可以躺在爸爸的床上，跟爸爸妈妈在一起呢。这是多么幸福的事情啊！

别看小海婴还很小，却很懂得支持爸爸写作呢。鲁迅晚上写作喜欢安静，很怕外面的猫叫。猫一叫，鲁迅急得没办法，就把香烟罐扔出去。砰！猫就吓得不敢叫了。可是，等了一会儿不见有什么危险，猫就又叫起来。鲁迅再找身边，没有可扔的东西了。

鲁迅便喊海婴帮忙："快去外面把香烟罐找回来，爸爸没有打猫的炮弹哩！"

小海婴就开心地跑下楼去把空罐找回来，喊道："爸爸，炮弹来啦！"

鲁迅无比喜爱地摸着海婴的头顶，说："够用了，去睡觉吧……"

在海婴的印象里，爸爸不是人们想象的"横眉冷对"的样子，他是一个慈爱的人、仁厚的人、有趣的人。

2

鲁迅还是一个给孩子充分自由的父亲。

他从来不逼着海婴学这学那，全凭海婴自己的兴趣。有一次，在商务印书馆工作的周建人给侄儿带来《儿童文库》和《少年文库》。鲁迅郑重地把这两套书摆进海婴的专用书柜。海婴就等着爸爸来留作业了。可是鲁迅却对他说："这些书，你愿意读就读读吧，很好看的。"然后就再也没有追问过海婴读了没有，更没有指定海婴必须读哪篇，背诵哪个段落。

鲁迅也没有故意引导海婴去做文学家。相反，还嘱咐海婴不要做空头文学家。鲁迅认为要尊重孩子的天性，让孩子顺其自然地成长，不要对孩子干预太多。

海婴从小喜欢拆装玩具，是个玩具破坏者，凡是能拆卸的都被他拆卸过。

有一天，他惹了大麻烦：把那架爸爸为他买的留声机也卸开了，好好的一架留声机顿时成了一堆破烂。海婴胆战心惊地坐在零碎的留声机旁边，等着爸爸教训。鲁迅回来了，看见儿子一脸委屈的样子，不知发生了什么。

"爸爸，我把留声机弄坏了……怎么办？"海婴理亏，低下头去。

鲁迅看了看满地的零件，说："拆坏了不算厉害，你要是把它复原成完好的样子，爸爸就奖励你！"

海婴一听，来了兴趣，就开始组装那些零碎的零件。过了很长时间，那架留声机终于又恢复了原样。这回，他可以大模大样地去爸爸那领取奖励了。

鲁迅奖励他一件积铁成像（也叫小小设计师）的玩具。这是一盒用各种金属零件组成的玩具。海婴如获至宝，很快用这些零件学会了组装小火车、起重机，装好了再拆，拆了又装。鲁迅总是在一旁鼓励他。海婴的这一爱好后来又发展了，长大以后，他开始热衷于无线电技术，用自己储蓄多年

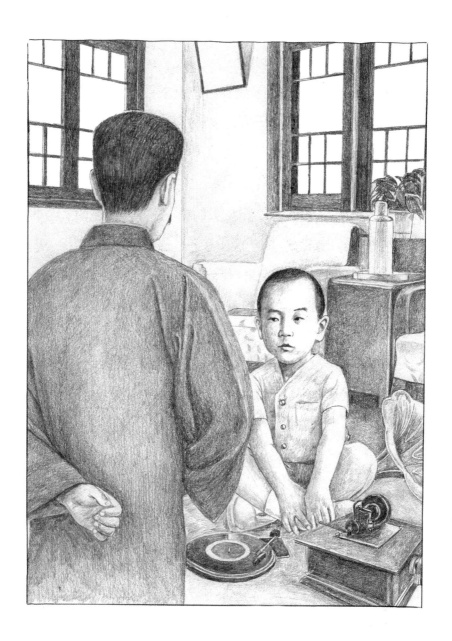

的压岁钱交纳学费，报考南洋无线电夜校。1952年，他考进北大物理系后开始走上科研道路，最终成为一名无线电专家。海婴在自己喜欢的领域对社会做出了贡献。

选择的自由，是鲁迅给儿子最好的礼物。

3

1936年的大半年，海婴心目中那个宽厚、有趣的父亲病倒了。鲁迅的病时好时坏，这让家人喜忧不定。

小海婴每天从三楼下来，脚步更轻了。他怕吵醒卧病在床的爸爸。爸爸的门常常是开着的。海婴就轻轻走进去，听听爸爸虚弱的鼻息。

这时候，能为爸爸做些什么呢？

海婴突然看见了爸爸床头凳子上的香烟和烟嘴儿。

"我就给爸爸装一根烟吧。"海婴一想到爸爸能抽到他装的烟，很开心，便轻轻地做起来。他小心地抽出一根香烟，把它装进烟嘴儿，再把装好的烟嘴儿放在爸爸手摸得到的地方，然后悄悄走开了。

海婴就等着爸爸醒来抽他装好的烟了。

鲁迅终于醒了，一摸，果然摸到了烟嘴儿，一看，香烟是装好的，就默不作声地抽起来。

中午吃饭的时候，海婴期待地看着鲁迅，等着爸爸夸奖他几句。鲁迅看在眼里，故意不说。海婴就想：难道爸爸没留意？那就提醒他一下吧。

"爸爸，你没发现早上的烟嘴儿不太对劲吗？"海婴抬头问这个粗心的爸爸。

鲁迅微微笑了："小东西，香烟是你装的吧？"

海婴开心地点点头："是我装的，以后我天天给爸爸装香烟。"

父子俩的脸上都挂着幸福的表情。

10月的一个早晨，海婴要去学堂上学，却见家里来了很多人。许妈迎过来，对他小声说："今早上不要上学堂了。"

海婴意识到了什么，冲下楼去。他看见爸爸还是躺在自己床上，像平时那样睡着。妈妈流着眼泪把海婴搂过来，说："现在爸爸没有了，我们两人相依为命……"

海婴才知道，他没有爸爸了……

1936年10月19日，伟大的文学家、思想家、革命家鲁迅在家中逝世。

"天将发白的时候，鲁迅先生就像他平日一样，工作完了，他休息了。"萧红说。

只是，这一次，他是永远的休息。

鲁迅遗言：忘记我，管自己的生活……

人们无法忘记他。

他经典的作品和伟大的人格，将永远为后世铭记。

在生活中，鲁迅不像人们想象的那样"横眉冷对"。

对待家人、朋友和那些有希望的青年，鲁迅是宽厚的、善意的，甚至是有趣儿的。

因为，鲁迅深爱母亲，深爱弟弟，深爱自己的孩子。

因为，鲁迅更深爱自己的国家和民族。